Corona Bamberg

Askese

Faszination und Zumutung

Spuren

Essays zu Kultur und Glaube

hg. von Joachim Hake
und Elmar Salmann OSB

Corona Bamberg

Askese

Faszination und Zumutung

1. Auflage 2008
Deutsche Erstausgabe

ISBN 978-3-8306-7329-3

Bibliografische Information der Deutschen Bibliothek
Die Deutsche Bibliothek verzeichnet diese Publikation
in der Deutschen Nationalbibliografie;
detaillierte bibliografische Angaben sind im Internet
unter http://dnb.ddb.de abrufbar.

Umschlagmotiv: P. Meinrad Dufner OSB, Münsterschwarzach
Umschlaggestaltung: Präsenz Medien | Gnadenthal
Druck und Bindung: EOS-Druck St. Ottilien

Inhalt

Hinführung

Man redet wieder über Askese. Zwar überwiegt noch das Negative. Luthers Attacke auf die „Mönchsaskese" ist nicht vergessen. Neuplatonisch-dualistische Färbung rückt sie leicht in die Nähe von „Leibfeindlichkeit", „Weltverachtung" und „Werkgerechtigkeit". Von einem Beitrag aus langer Klostererfahrung mag man dergleichen erwarten und mit dem Lesen aufhören, bevor man noch richtig begonnen hat.

Askese kann aber auch anders aussehen. *Lust auf Askese?*, unter dieser provozierenden Anfrage lief vor nicht langer Zeit eine Sendung des ORF. Der Benediktiner auf dem Podium war ganz auf Verteidigung eingestellt. Zu seiner Überraschung traf er auf die mehrheitliche Ansicht, dass Askese nicht bequem, aber unentbehrlich sei.

Allerdings: Welche „Askese"? Da gab es verschiedene Lesarten. Man verstand Askese als Bescheidung im Umgang mit den materiellen und geistigen Ressourcen. Auch als Verzicht im Zusammenleben, Verzicht auf ehrgeizige Positionen, Verzicht auf Sich-Ausleben und Sich-Gehen-Lassen. Entsagung und Verzicht nicht als Selbstzweck, sondern als Hilfe im Blick auf höhere Ziele, um höherer Werte willen. Zur Diskussion stand auch eine *asketische Weltkultur*, wie sie Carl Friedrich von Weizsäcker vor einigen Jahrzehnten ins Gespräch gebracht hat.[1] Deutlich wurde in allen Beiträgen, dass Umbesinnung und Veränderung Not

---

1 Carl Friedrich von Weizsäcker, Gehen wir einer asketischen Weltkultur entgegen? in: Deutlichkeit. Beiträge zu politischen und religiösen Gegenwartsfragen, München/Wien 1978, 73-113.

7

tun, dass dazu aber nicht mehr viel Zeit bleibt. Askese als Element christlicher Spiritualität kam allenfalls am Rand ins Wort.

Natürlich gab es auch Reserven. Niemand mag Anstrengung und Mühe, ohne die es Askese nicht gibt. Um so überraschender, dass tatsächlich etwas wie Lust auf Askese zu spüren war. So, als sei man die verbreitete Laxheit und Schlaffheit leid, als hätte man Verlangen nach einem „Ruck", nach einer Ordnung, die ohne Selbstkontrolle und Disziplin, eben ohne Askese nicht zu haben ist.

Das ist neu. Da bahnt sich ein Wandel an, der noch vor einem halben Jahrhundert undenkbar war. Askese ist aktuell, allerdings fast nur auf der Basis des allgemein Humanen. Nur Religiöses oder nur Christliches ist kaum mehr gefragt. Ebenso wenig die Berufung auf bloße Moral.

2. Wir hier verstehen Askese zunächst als humane Einübung, die Leben verspricht, und zwar ein Leben nicht durch Beliebigkeit einer Wohlstandsgesellschaft, sondern durch Zucht und Zielstrebigkeit. Askese als ein Bemühen, das Leben in die Hand zu bekommen, um es zu gestalten und zu verschenken – so eine erste Umschreibung.

Im Folgenden soll von hier aus der Askese nachgegangen werden auf einigen ihrer Felder, möglichst lebensnah, mit lexikalem Wissen nur im Hintergrund. Und nicht zuletzt illustriert an Menschen, deren Leben asketisch genannt werden kann in der Nachfolge dessen, den man schon sehr bald den Asketen genannt hat (vgl. Schlusskapitel). Dass im Rahmen von „Essays zu Kultur und Glaube" Religion und Christentum nicht ausgespart werden, versteht sich von selbst.

8

Katholische Aszetik hat, namentlich im neunzehnten Jahrhundert, die humane Basis zu ihrem Schaden weithin vergessen. Heute besinnt man sich wieder darauf. Askese kann nicht reduziert werden auf Streben nach Heiligkeit. Sie ist nicht mehr zu vermitteln als Bemühung um sittliche Vollkommenheit. Wiewohl alles das: Ringen um Heiligkeit, um Moral, um Vollkommenheit oder, heute geläufiger, leib-seelische Integrität nach wie vor zu ihr gehört.

Greifbar wird Askese in punktuellen Akten wie in geprägten Haltungen, in Zucht, Maß, Würde, aber auch in der Dynamik verschiedenster Impulse. Mit der einzigen Einschränkung: Askese hat dort keinen Platz, wo man Leben unkontrolliert vertut.

Alles aber muss eingebettet bleiben in Grundvollzüge, die bis in die Tiefe der menschlichen Person reichen und nicht nur theologische Gültigkeit haben. Wir benennen und betrachten genauer drei solcher Vollzüge: Ordnung, Offenheit und Kampf. Alle drei dienen der Strukturierung von Askese: Ordnung als das, was Askese will, Offenheit als das, was sie lebendig macht, Kampf als das, was sie fordert. Was das im einzelnen heißt und für Askese bedeutet, soll im nächsten Kapitel genauer bedacht werden.

3. Was meint „Askese" inhaltlich? Im Griechischen (askesis) bedeutet sie ganz neutral: Übung. Das dazu gehörende Verb ist askein, üben. Man übt, um eine Verhaltensweise oder eine Fähigkeit zu erlangen. Askese findet also statt auf jedem Sportfeld, in jeder Ballettschule, in jedem Konservatorium, in jeder Werkstatt, überall dort, wo etwas gelernt wird. Was man können will, muss man üben. Und man muss dranbleiben, man muss wiederholen, man muss mit Ausdauer durchhalten, muss angehen gegen Launen und Stim-

mungen und gegen sie ein Pensum behaupten. Nur so erlangt man Grundwerte und charakterliche Haltungen, nicht anders unterzieht man sich der Askese auch als einem geistig-geistlichen Exerzitium.

Askese ist aber nicht nur Willenssache. Sie braucht das Zusammenspiel von Impuls und Entschluss. Impuls im Sinn des Fingers, der auf dem Dreikönigskapitell von Autun den Schlafenden weckt, ohne den keiner aufstehen würde. *Dass* einer aber aufsteht, hängt von seinem Entschluss ab. Impuls und Entschluss sind nicht auseinander zu dividieren. Bei jedem übenden Tun und Lassen ist es so, bei jedem *auswendigen und inwendigen Werk,* um mit mittelalterlichen Mystikern zu reden – wobei Askese als *inwendiges Werk* bei weitem wertvoller ist als das gleichwohl nicht zu entbehrende *auswendige* Werk.

So gilt es vom Fasten und Wachen und den sonstigen traditionellen Übungen der Askese. Es gilt nicht zuletzt vom Meditieren, dieser Grundübung betender Mönche. Da wurden Schrifttexte und Psalmenworte *gemurmelt,* bis man sie *ex corde* konnte, auswendig, wie wir heute sagen, dem Sinn nach aber gerade *inwendig,* gleichsam wie selbst gedichtet. Auch in den klösterlichen Schreibstuben (Skriptorien) wurde Askese geübt, indem man Wort für Wort geduldig und oft sehr kunstvoll zu Initialen und in Miniaturen ausgestaltete und dabei wie von selbst „das" Wort, die heilige Schrift verinnerlichte.

Klöster nach Benedikts Regel heißen seit je *schola dominici servitii, Schule des Herrendienstes.* Schule, weil Übungsstätte, in der man lernen soll - nicht nur, wie man die Klosterregel einhält, sondern wie man mit Leib und Seele dem Ruf gehorsam wird, der von Gott her ergangen ist und täglich ergeht. Und der Ruf klingt hell für solche, die *das Leben lieben und gute Tage sehen wollen*, so ist es im Vorwort der Benediktsregel zu lesen. Klösterliche Askese soll einweisen und heranbilden für ein Leben *unter der Führung des Evangeliums*, für ein Leben also christlicher Nachfolge unter einem Abt und in einer Gemeinschaft von Gott Suchenden und Gott Lobenden.

Das allgemein Gültige wird da zum Konzentrat und Exempel. In den Klöstern soll deutlicher werden, was allen helfen kann zum ganzen Menschsein. Askese nimmt aktiv und passiv in Dienst, sie übt den Menschen mit all seinen Kräften ein. Das monastische Leben, das als ganzes „Askese" sein soll, weiht ein im alltäglichen Umgang wie in der Schule der Liturgie in das *Mysterium der Manieren*[2]. Sie zügelt und spornt an, ist disciplina und stimulus. Sie richtet nach Maßgabe des Evangeliums aus auf ihr Ziel: ein Leben vor und für Gott.

Schön und genau heißt es in der Vita des Mönchsvaters Antonius, Askese sei ein *studium deificum*, eine *vergöttlichende Mühe*. Die Aussage lässt sich nicht adäquat übersetzen. Das Ziel, soll man verstehen, verändert den Übenden. So wird schon der Anfänger, nicht erst der Vollendete, hineinverwandelt in das Göttliche, auch er schon wird schöpferisch durchhaucht vom maßgebenden und anspornenden Gottesgeist. Der menschlichen Mühe kommt die vergöttlichende Kraft entgegen. Bis heute hält die Tradition der christlichen Spiritualität fest an diesem Ineinander von Mühe und Gnade. Ein Trennungsstrich zwischen Askese und Mystik lässt sich nicht sauber ziehen.

---

2   Vgl. Asfa-Wossen Asserate, Mysterium der Manieren und Manieren des Mysteriums, in: Geist und Leben 79 (2006). 467-472.

So kommt es aber auch, dass Askese auf jeder ihrer Stufen beseelt und aufgeladen sein kann mit Freude. Zwar verändert sich ihre Bedeutung je nach kulturellem Zusammenhang. Etwa in der hellenistischen Stoa und bei den Popularphilosophen verengt sich Askese auf Verzicht mit durchweg negativem Akzent. Man setzt sie gleich mit Absage und Entsagung, mit Abtötung und düster büßender Strenge.

Dagegen verbindet christliche Lebenslehre, wo sie dem Ursprung treu bleibt, Askese konsequent mit der „Heiterkeit des Herzens". *Wenn ihr fastet, dann macht kein finsteres Gesicht*, sagt der Herr nach Matthäus 6,16. Die Kirche sagt es weiter. Sie „feiert" das alljährliche Fasten in vorösterlicher Freude. Die biologische Gesetzmäßigkeit, wonach dem Organismus Diät und Entlastungsperioden bekömmlich sind, hat lediglich die Bedeutung einer Fußnote. Zentral wichtig ist, dass Fasten dem Aufruhr der Sinne wehrt und den Aufschwung des Geistes zu der ihm gemäßen Sättigung erleichtert. Darum, sagt Augustinus, komme es beim Fasten nicht so sehr auf die Strenge an, sondern entscheidend sei die leichte Heiterkeit des verzichtenden Herzens.

So meint es auch Benedikt von Nursia. In seiner Regel verspricht er seinen Mönchen, dass auf der letzten der zwölf Demutsstufen das, was bisher nicht ohne Mühe geübt wurde, nun mühelos und gleichsam natürlich gekonnt wird, aus einer *guten Gewohnheit* und aus *Lust an der Tugend, delectatione virtutum* (RB 7,69). Noch im späten Mittelalter findet das seinen Widerhall. So weiß Johannes Tauler, dass Menschen, die den himmlischen Mächten ergeben sind und sich ihnen anheim geben, insofern „tugendhaft" werden, als ihnen die Tugend leicht fällt und zur Freude wird, so, als sei sie ihr Wesen und ihre Natur.

Freude in der Askese entsteht aus dem Einklang der Kräfte, sie verdankt sich dem, was für den Menschen als Ordnung und rechtes Maß gelten kann. Thomas von Aquin kann das Fasten geradezu ein Gebot des natürlich-naturhaften Sittengesetzes nennen. Josef Pieper versteht die „lex naturae" dementsprechend als *das unmittelbar im Wesen der Schöpfungswirklichkeit mitgegebene und begründete Sollen.* So kommt es, dass einer sich befreit fühlt, wenn er sich nach dieser innersten Ordnung richtet. Jeder merkt, wie gut es ihm tut, wenn er Ordnung schafft, wenn er etwas zum Stimmen bringt, wenn er auch nur sein Zimmer aufräumt und in banalen Kleinigkeiten dem Chaos steuert. Bei allem ist es so, was der Mensch sich etwas kosten lässt, um wirklich der zu sein, der er vom Wesen her ist. Die Freude in der Askese verdankt sich letztlich der Leidenschaft zum Leben: zum persönlichen und zum ganzen Leben. Und so, als eine Bemühung, das Leben in die Hand zu bekommen, um es verschenken zu können, wollten wir ja Askese umschreiben.

4. Im Folgenden kann es nur um eine Auswahl der Übungsfelder im menschlichen Leben gehen. Gerade in ihrer Unvollständigkeit soll die Auswahl anregen zum Weiterdenken und Weitergestalten im eigenen Leben. Das Schlusskapitel *Jesus – als Asket* versucht eine Zusammenfassung. Im Gekreuzigt-Erhöhten ist Askese Gestalt geworden wie nirgendwo sonst: Askese als durchgehaltene Entschiedenheit, sein Leben aus freiem Willen herzugeben um der dahinterliegenden Freude willen. Askese als Entäußerung des Sohnes in seiner Menschwerdung, die vom Vater heimgeholt wird in Gottes Herrlichkeit (vgl. Phil 2,5-11) und so die ganze Welt mit dem wahren Leben beschenkt. Im Kontrast zur Gleichgültigkeit und Gnadenlosigkeit einer ichverliebten Mediengesellschaft, die nicht weiß, wofür sie da ist, kann Jesus gerade als *der Asket* faszinieren und zum Umdenken bringen. Damit kommt er der

verborgenen Sehnsucht vieler entgegen, der Sehnsucht nach einem Leben, dem nichts mehr mangelt.

Eine auf bloßen Verzicht verengte Askese ist nicht die Askese Jesu. Der Philosoph Nicolas Gomet Davilá spricht aus, worum es wirklich geht: *Gott ist nicht die Verpflichtung, auf alles zu verzichten, sondern die Gewissheit, dass uns am Ende an nichts mangeln wird.*

5. Was sich heute als „Askese" durchsetzt, siedelt sich zuerst im Alltag an. Askese ist menschlich, darauf liegt der Hauptakzent. Wohl gibt es unterschiedliche Nuancen. Hans Magnus Enzensberger versteht Askese als Verzicht auf Überfluss, anders gäbe es bald keine Luxusgüter mehr. Askese also nicht als „Selbstvernichtung" und „Selbstaufgabe", sondern als Bescheidung im Wohlstand auf Zukunft hin. Noch positiver Alexander von Schönburg.[3] Seine Familie – Fürstin Gloria von Thurn und Taxis ist seine leibliche Schwester – ist seit mehreren Jahrhunderten verarmt. Aber dadurch ist sie nicht verkümmert. Schönburg zeigt anschaulich und aus täglicher Erfahrung, wie man im klugen Verzicht auf Entbehrliches und in der Unabhängigkeit vom Lebensstil anderer sein Auskommen findet und dazu einen Reichtum neuer Qualität aufbauen kann. Wirtschaftlicher Niedergang braucht kein Unglück zu sein, wenn man damit in rechter, eben menschlicher Weise umzugehen lernt. Das bringt sein Buch nahe, und dass das gescheit und amüsant geschieht, ist kein Nachteil.

Auf der anderen Seite, jedenfalls im Westen, entartet Askese nicht selten zur ausgetüpfelten Sorge um sich selbst. Der Asket wird zum Ästheten. Die Entscheidung zur Aske-

---

3   A. von Schönburg, Die Kunst des stilvollen Verarmens. Wie man ohne Geld reich wird, Berlin 2005.

se fällt nicht im Zentrum der Existenz, sondern am Rand.
Da interessiert die schlanke Linie oder der zu vermeidende
Herzinfarkt. Auch befristet man seine Askese, wie beim
westlichen Angebot „Kloster auf Zeit". So jedenfalls sieht
es Axel Michaels in seiner „Kulturgeschichte der Askese".[4]
Am Osten fasziniert ihn, dass normale Werte und Gepflo-
genheiten asketisch in Frage gestellt werden. Askese sei
dort ein kritisches Ferment in der Gesellschaft. Auch werde
die Begrenztheit des Lebens nicht verdrängt, Sterben werde eingeübt, man ziele auf Gelassenheit. Bejaht werde, dass
der Mensch Grenzen braucht, nicht nur hat. Was christliche
Askese angeht, begnügt sich Michaels mit „Erinnerungsbe-
ständen" wie Keuschheit, Armut und Zugehörigkeit zu asketischen Gemeinschaften.

So anregend das Buch sein mag: Der Verfasser übersieht, dass
inhaltlich zwischen buddhistischer, hinduistischer, musli-
mischer und christlicher Askese ein Unterschied besteht. Gleiche Praktiken in den verschiedenen Religionen haben nicht
den gleichen Sinn. Zum wirklichen Ausweg kann Askese so
nicht werden. Darum suchen wir bei aller Betonung der humanen Basis entschieden nach dem Christlichen der Askese.

6. Das Wort „Ausweg der Askese" hat bereits um die Mitte
des vorigen Jahrhunderts der Soziologe Arnold Gehlen auf-
gebracht.[5] Er legte in einem aufsehenerregenden Vortrag Askese dringend ans Herz. Er tat es gegenüber der *Enthemmung
einer fürchterlichen Natürlichkeit.* Damit legt Gehlen den Finger auf einen wunden Punkt, der inzwischen nichts an Aktu-

---

4   A. Michaels, Die Kunst des einfachen Lebens. Eine Kulturgeschichte der
    Askese, München 2004.

5   Arnold Gehlen, Das Bild des Menschen im Lichte der modernen Anthropo-
    logie. Anthropologische Forschung, Reinbeck bei Hamburg 1968, 66ff.

alität verloren hat. Auf enthemmte Natürlichkeit kann man
an jeder Straßenecke treffen und in zahllosen Fernsehsen-
dungen. Zur Erklärung wird auf fehlende Schulbildung hingewiesen, auf kontraproduktive Vorbilder, auf ideologische
Verführung, speziell durch verantwortungslose Medien.

Man muss wohl tiefer graben. Natur und also Natürlichkeit
kennt von sich aus kein Maß und keine Zucht. Entfesselte
Naturgewalten können großartig sein, enthemmte Menschen
sind fürchterlich. Beim nur natürlichen Menschen brennen
die Sicherungen durch, er „lässt sich gehen". Drogen, Alkohol, Sex machen ihn besinnungs-, geist- und richtungs-
los. Interessanterweise meint Gehlen, dass es *bei der Askese
ernst* werde, was sich daran zeige, dass man sie nie säkulari-
sieren konnte. Nach ihm gehört zu Askese etwas Religiöses.

Auf den ersten Blick wird es befremden, dass Gehlen mit
William James den Krieg *eine Schule für Lebensenergie und
Heroismus* nennt. Niemand kann den Krieg herbeiwünschen,
den auch Gehlen eine *große Veranstaltung von Unvernunft
und Verbrechen* nennt. Aber man müsse nach einem moralischen Äquivalent für den Krieg suchen. James findet
dieses Äquivalent trotz seiner Einseitigkeit in dem alten
mönchischen Armutsideal. *Sollte nicht die freiwillig erwähl-
te Armut das ‚tapfere Leben' sein, das es nicht nötig hat, die
Schwächeren zu unterdrücken?* fragt er sich. Und er stellt
fest: *Sicherlich ist die herrschende Furcht vor der Armut unter den gebildeten Klassen die schlimmste moralische Krankheit, an der unsere Zeit leidet.*[6]

Auch dies kann man von dem Soziologen Gehlen lernen:
Gewalt und Aggression haben zu tun mit Entlastung einer-

---

6   Zit. ebd.

seits und andererseits mit zu großer Belastung, Zu große Belastung entstehe unter dem Überdruck von Informationen, noch dazu bei dem heutigen Tempo. Da falle Orientierung schwer, nicht selten werde sie ganz verlernt. Der Einzelne müsse zu viel unterscheiden und entscheiden. Eine wichtige Rolle spiele dabei das Zerbröckeln langer Traditionen des Verhaltens, der Werte, der Toleranz. Fundamente würden preisgegeben, auf denen nicht nur der Einzelne steht, sondern auch Gruppen und Gesellschaften. Traditionen seien hilfreich, insofern sie entlasten von der Notwendigkeit, ständig neu zu entscheiden. *Dagegen sollen wir in dieser traditionsfremden Zeit immerfort Jetztbewältigungen erfinden.*[7] Unverzichtbares für unsere innere Gesundheit stecke offenbar in dem Element „Tradition", so Gehlen. Für einen Nietzsche sei hohe Kultur dadurch gekennzeichnet, dass man viele Dinge unerklärt stehen lassen könne kraft Geltung des immer so Gewesenen. Nicht zuletzt verschwänden mit Traditionen lang geübte Verzichte und deren selbstverständlich gewordene Zielrichtungen.

Auf der anderen Seite nimmt die Entlastung vom Negativen zu. So spielt sich der Tod kaum mehr im häuslichen Schlafzimmer ab, sondern in abgeschirmten Klinikräumen. Geburten desgleichen. Schwere körperliche Arbeit wird durch die Technik weitgehend überflüssig. Aggressionen, zusammen mit Angst, werden immer weniger durch das Muskelsystem abgeleitet. Der domestizierte Mensch kann die Symptome seiner Haustiere an sich selbst beobachten. Triebüberschuss entsteht, verbunden mit Instinktreduktion. Täglich lässt sich feststellen, dass Menschen weniger Tötungshemmungen haben als die Tiere.

---

7   Ebd. 64.

Nicht, dass es zu wenig Leid und Not auf der Welt gäbe! Dennoch bleibt wahr, dass der Leidensdruck mindestens anthropologisch, also für den humanen Menschen, eine ungemeine Bedeutung behält. Der Abbau hemmender Regulierungen durch Not und Mangel wird zwar positiv empfunden. Umgekehrt wird aber durch eben diesen Abbau ein enormes Lustbedürfnis frei gesetzt, das sich namentlich im Konsumieren zeigt. Man lese Berichte von Vertriebenen aus den unmittelbaren Nachkriegsjahren, wenn man es nicht mehr selbst erlebt hat: Wie selbstverständlich wird da gehungert und miteinander geteilt, wie phantasievoll aber auch erfunden.

„Im Schweiße seines Angesichts" zu arbeiten ist nicht nur Fluch. Akkordarbeit, wie sie eine Simone Weil aus Solidarität in den dreißiger Jahren des vorigen Jahrhunderts am eigenen Leib erfahren wollte, war und ist menschenunwürdig. Wer aber, ohne sich zu schädigen, freiwillig aus dem "allgemeinen Wettlauf nach dem Wohlleben" aussteigt, kann diesen asketischen Verzicht sehr wohl als Ausweg erfahren.

7. Askese ist aber nicht nur „Ausweg". Sie ist nicht nur Rettung aus der Sackgasse, sie ist wesentlich auch positive Ausrichtung. *Die Zeit, die ich für mich habe, tut mir gut,* bekennt Wilhelm von Saint-Thierry, ein Mystiker und Abt des 12. Jahrhunderts.[8] Für ihn ist Askese ein Weg zum Gesund- und Heilwerden. Sie bietet eine Chance wie anderes nicht. Vorausgesetzt, dass die von der Natur geschenkte Sinnenhaftigkeit bejaht wird.

Dieser mittelalterliche Mönch hat durch Askese erfahren: *Unsere Sinne werden uns nicht mehr in unsere Schwachheit hinabziehen, sondern uns zu unserer Seligkeit hinaufziehen.*

---

8   Meditationen und Gebete IV,7. Frankfurt/Main und Leipzig 2001, 105.

Wilhelm muss ein leidenschaftlicher Mensch gewesen sein. Darum konnten seine Bilder so farbig und seine Gebete so voll Freude sein.

Askese und Sinnenfreude sind kein Widerspruch. Wilhelm hat Augen für die Schönheit der Schöpfung, er preist Gott für seine schöne Gestalt und für den wunderbaren Ort zum Wohnen, den ihm der Schöpfer zugewiesen hat. Er vergisst nicht die hohe Würde, die dem Menschen am Anfang verliehen worden ist. Er trauert zwar über das Böse, das durch ihn bewirkt wird, aber noch mehr streckt er sich aus nach dem neu schaffenden Geist Gottes. Ihn bittet er, ihn zu heilen *vom rasenden Sturm seiner Gefühle (IV,6)*. Askese weist hier exemplarisch die drei genannten Strukturelemente auf: *Ordnung, Offenheit und Kampf.*

Der Kampf seiner Askese findet in der Wüste statt, wo der Dornbusch brennt, ohne zu verbrennen. So deutet Wilhelm die Rolle der Sinne in seinem Mönchsleben an. Die Wüste wird ihm zum Ort der Begegnung mit Gott, wo der Mensch mit bloßen Füßen steht und sein Gesicht verhüllt, um nicht zu erblinden. Dort lernt er hören, was Gott ihm sagt (IV,15). Einsam, arm und in Demut hinhörend hofft er in asketischer Offenheit, umgewandelt zu werden in die neue Gestalt, in das ursprunghafte Ebenbild Gottes. Wohl in der *neuen Ordnung des Sklavendienstes unter Dir (Gott)*, wie der Abt am Ende dieser Meditation das Mönchsleben nachdenklich nennt. Aber genau da hat für ihn die Freude ihren Platz: *Pia ergo et pura oratio nunquam est sine gaudio – das fromme und reine Gebet ist nie ohne Freude.*

Askese ist keine heroische Rekordleistung in Abtötung und Strenge. Askese verachtet weder die Welt noch den Leib. Christlich verstanden, ist sie wie das Evangelium im Kern positiv. Im Folgenden wird versucht, das Bild einer verfälschten Askese zu korrigieren und anziehend zu machen. Die Geschichte christlicher Spiritualität ist dafür eine Fundgrube. Askese hilft, Mensch zu werden. Askese ja – aus Leidenschaft zum Leben!

ORDNUNG, OFFENHEIT, KAMPF

Vor allem Inhaltlichen und in ihm lassen sich Strukturelemente der Askese ausmachen. Wir nennen drei: *Ordnung, Offenheit und Kampf.* Damit sind zugleich drei Grundvollzüge menschlichen Lebens genannt. Wobei die Betonung auf „menschlich" liegt. Diese Vollzüge, heißt das, sind nicht beschränkt auf religiöses, speziell christliches Leben. Sie haben Geltung für jedes irgendwie planmäßige Bemühen um den rechten Umgang mit sich und seiner Welt. Sie gehören dem Menschen in seiner human-geistlichen Ganzheit zu.

Man kann es nicht genug betonen: Askese hat ihren Ort mitten im Humanen. Wozu notwendig das Mitmenschlich-Soziale gehört. Darum setzen wir bei den genannten Grundvollzügen an. Es wird sich zeigen, dass sie so auch ihren Platz im Christlich-Theologischen haben.

1. Ordnung

Kein Mensch kann auf Dauer ohne Ordnung leben. Ordnung bewahren, Ordnung schaffen, Ordnung halten liegt dem Menschen, er hat einen „Hang zur Ordnung".[9] Soll damit behauptet werden, dass Ordnung einfach „natürlich" ist? Gewiss nicht. Ordnung verlangt immer ein Stück Kultur. Der nur „natürliche" Mensch verkommt in der Enthemmung und Schrankenlosigkeit. Über kurz oder lang verwahrlost er. Ohne äußere und innere Ordnung gibt es kein gelingendes Leben.

---

[9]   Peter L. Berger, Auf den Spuren der Engel. Die moderne Gesellschaft und die Wiederentdeckung der Transzendenz, Frankfurt/Main 1970, 80.

Ordnung wird beeinflusst vom jeweiligen Lebensstand. Beruf, Familie oder sonst eine Lebensgemeinschaft, individuelle Veranlagung und vorgegebener, insbesondere religiöser Lebensentwurf haben immer ein Wort mitzureden. Schon diese Ordnung verlangt Mühe und darin etwas von dem, was nicht nur Askese bedeutet, sondern „Abtötung" oder auch „Opfer" im biblischen Sinn.

Über eine unmittelbar greifbare Ordnung hinaus ist der Mensch eingebunden in eine Grundordnung, die er nicht machen und über die er nicht verfügen kann. Diese zentrale Ordnung – Werner Heisenberg setzt sie an die Stelle eines (personalen) Schöpfers – zeigt sich etwa im kosmischen Rhythmus von Tag und Nacht und im Wechsel der Jahreszeiten. Sie wirkt sich aus auf Befinden und Verhalten des Menschen. Auch sind als Reifungsstufen körperliche und seelische Phasen aufgegeben. Jeder Mensch kennt zudem den aufsteigenden und niederfallenden Bogen der Lebensjahre. Jeder untersteht den Gezeiten von Frische und Ermüdung, von Arbeit und Feier. Die schöpfungsgemäße Ordnung situiert erst die jeweilige Lebensordnung.

Vorgegebene Ordnung ist nicht ohne Bedeutung für Askese. Sie ist geradezu ihre Voraussetzung. *Nur weil sich der Mensch in eine unabhängig von ihm bestehende Ordnung der Dinge gestellt weiß, kann er sich bemühen, sich selbst und sein Leben zu ordnen, kann er eine der Gesamtordnung analoge Ordnung in sich selbst und in der Gemeinschaft, der er angehört, herstellen* (H. Kuhn).

Jahrtausende lang war man davon überzeugt. Die Menschen verstanden ihre jeweilige Weltordnung in irgendeiner Weise als Entsprechung zu einer göttlichen Welt, durch die sie ihre menschliche Ordnung gestützt und zugleich gerechtfertigt glaubten. Erinnert sei etwa an die Riten altitalischer Stadtgründung und Siedlung. Varro berichtet vom templum der Auguren: Ihr am Himmel abgegrenzter Beobachtungsbezirk (daher „contemplari", beschauen) war die Norm für das Abstecken des irdischen Tempelbereichs. Der Mikrokosmos dessen, was menschenmöglich ist, sollte der in den Gestirnen erstrahlenden Ordnung nachgestaltet werden. Darin fand man die Sinngestalt, um den Urschrecken des Chaos zu bannen.

Erst so lässt sich ganz begreifen, wie verhängnisvoll es ist, dass die dem Menschen vorgegebene Ordnung heute vielfach durchbrochen und gestört wird durch den wirtschaftlichen und sozialen Wandel aufgrund technischer Entwicklungen. Ganz zu schweigen vom Frevel mutwilliger Experimente, die etwa den natürlichen Wachstumsprozess unterbinden oder im Gegenteil extrem beschleunigen. So kommt das Gedeihliche durcheinander: Nacht wird zum Tag, Tag entartet zur gestressten Unrast. Der verlässliche Kreislauf der Natur wird willkürlich, der pflegliche Umgang mit ihr weicht der Ausbeutung mit den bekannten und erst nur geahnten Folgeproblemen. Dem hilft der Mensch kräftig nach durch sein unkontrolliertes Verhalten.

Nicht nur das Mitschwingen in der kosmischen Ordnung, auch die Stütze der sittlichen ist „radikal", also von der Wurzel her, in Frage gestellt. Verantwortung vor einer übergeordneten Instanz verblasst mehr und mehr. Willkür und Beliebigkeit wirken sich immer verheerender aus. Ohne Ausrichtung auf eine Gesamtordnung verliert sich konsequenterweise die Fähigkeit des Sich-Verdankens und das Maß des rechten Empfangens.

Hier hat Askese anzusetzen, und das ist anders als früher. Aktiv sich mühend und zugleich entsagend muss man in sein Leben Ordnung bringen, die nicht mehr fraglos vorgegeben ist Ohne Askese in diesem Sinn bleibt der Mensch fremdbestimmt. So emanzipatorisch, also empörerisch er sich geben mag, er sackt ab und verkommt. Und mit ihm verkommt seine Welt. Wir sind heute wacher dafür geworden, dass die Probleme von Auf- und Abrüstung, Hunger, Überbevölkerung und vielfältiger Kriminalität nicht allein militärisch oder politisch zu bewältigen sind. Sie beginnen im je persönlichen Leben, und zwar in einem Leben, das seinen inneren Kompass nicht mehr zu gebrauchen weiß. Entsprechendes gilt für die Gemeinschaft, in der einer lebt, sei es Ehe, Gruppe, Wohngemeinschaft oder welche Beziehung auch immer. Auch hier muss das in der Schöpfung und Erlösung Vorgegebene neu entdeckt und den veränderten Umständen vernünftig angepasst werden. Auch da ist die Haltung des gleichgültigen Zuschauers letztlich frevelhaft.

Askese geschieht viel unauffälliger als früher. Ihre Zielsetzungen sind aber gleichgeblieben. Und oft wird einem sogar mehr abverlangt. Denn nun stellt Askese nicht selten vor Entscheidungen, die selbständig zu treffen sind. Um nur eines herauszugreifen: Nicht nur Christen müssen in gleitenden Arbeitszeiten, in der Konkurrenz des Marktes, im Schulstress bei ständig wachsendem Wissensstoff, im komplizierter werdenden Verwaltungsapparat, im Sich-Jagen stets neuer Konzepte eine Zeit aussparen für verantwortliche Eigengestaltung. Und das ist nicht nur eine Zeit für Gottesdienst, Meditation und sonstige sinnvolle Beschäftigung, es ist zuerst eine Zeit zum Zeithaben.

Kaum etwas fällt dem gehetzten Menschen der Technik schwerer als das Umschalten auf Stille, die einfach nur auszuhalten ist, die man eine Zeit lang walten lassen muss, und sonst nichts. Zeit für das Zeithaben kann in gewissem Sinn methodisch geübt werden, und nicht wenige lassen sich solche Übungen eine Menge kosten in der Hoffnung, auf diese Weise Ordnung in ihr Leben zu bringen. Aber Ordnung hängt nicht nur von Methoden ab. Letztlich geht es darum, Zeit zu finden für etwas, das mehr ist als nur Menschliches. In irgendeiner Weise wird es Zeit zum Verehren sein müssen, zum Staunen und zum Danken, ohne Zwang und ohne Zweck. Schon mit einem Museumsbesuch oder mit dem Erleben großer Musik wird ein Anfang gemacht. Letztlich braucht es aber Zeit für Gott.

Ordnung braucht man nicht nur für sich selbst. Sie will vermittelt werden. Wer selbst keine Ordnung hat, kann auch keine vermitteln. Doch wiederum: Ordnung im Denken und Reden, im Umgang mit Werten und ihrer Hierarchie, Ordnung in der Zuwendung wie in der Abwendung von Menschen und Dingen, all das geht nicht von selbst. Innere und äußere Ordnung greifen ineinander. Nörgelei und Überaktivismus, Aggression und Oberflächlichkeit, Geschwätzigkeit und Unfähigkeit zum Zuhören – alles hängt immer auch mit der Unordnung im Inneren zusammen. Im Tiefsten, auf dem Grund aller Unordnung will jeder fliehen vor der Mühe, *das Leben recht zu fassen* (August von Platen).

Askese, die gegen solche Unordnung angeht, ist mehr als bloße Moral. Der bereits genannte Amerikaner Peter L. Berger macht darauf aufmerksam, wenn er den *Hang zur Ordnung* in Verbindung bringt mit dem unausrottbaren Glauben an Ordnung schlechthin. *Der menschliche Drang nach Ordnung gründet sich auf das Vertrauen oder den Glauben, dass die Wirklichkeit letztlich schon in Ordnung ist, ‚schon recht‘, ‚so, wie sie sein soll*, schrieb er vor gut fünfzig Jahren.[10] Berger wusste noch von einem Urvertrauen, von einem Glauben,

---

10 Vgl. Anm. 9.

der das Hier und Jetzt übersteigt, aber evident wird in der Geschichte von Gesellschaften und Kulturen, und jeder Mensch erlebt ihn im eigenen Leben unmittelbar. Ohne solchen Glauben gäbe es kein Weitermachen, kein Durchhalten, keine Hoffnung. Von da her deutet Berger jede ordnende oder nach Ordnung verlangende Geste als *Zeichen der Transzendenz*. Damit deckt er den theologischen Aspekt der Ordnung auf, genauer: ihre eschatologische Dimension. Askese zeichnet sich ab als Einübung eines wie immer zu verstehenden Glaubensgehorsams, als Ausrichtung auf ein endgültiges In-Ordnung-Kommen, das dem Achtsamen als rechtes Maß im Innersten eingeprägt ist.

2. Offenheit

Als zweite Grundgegebenheit nennen wir Offenheit.

Offenheit oder auch „Offenstand" – entsprechend der Wortbildung „Selbstand" – ist das notwendige Pendant zu Ordnung. Sie ist ihr Korrektiv. Der nur Ordentliche ist, tiefer gesehen oder auch schon auf den ersten Blick, „nicht in Ordnung". Er ist eng und pedantisch, ein Perfektionist. Ordnung kommt menschlich wie christlich erst durch Offenheit ins Lot. So ist es wiederum in der Schöpfung vorgezeichnet. Die Schöpfung ist weder starres System noch chaotisches Durcheinander. Sie begegnet in schwingenden Polaritäten und bringt den, der sich nicht verschließt, zum Mitschwingen. Ordnung ohne Offenheit zielt am Leben vorbei, an seiner Vielfalt und Spannung, an seinen wehen und glücklichen Überraschungen, an seiner Schönheit.

Offenheit ist, anders als Aufrichtigkeit oder Ehrlichkeit, keine Tugend, keine ethische Errungenschaft. Darin trifft sie sich mit „Ordnung". Man kann Offenheit umschreiben als eine existentielle Befindlichkeit, eine Daseinshaltung. Anthropologisch gesehen, reagiert der Mensch darin auf drei Vorgegebenheiten: Auf das Leben als Weg, auf den Ruf der Dinge und Ereignisse und auf das Geheimnis in allem.

Leben als Weg gehört dem Werdewesen Mensch zu. Darüber hinaus entspricht Offenheit dem Anruf, der aus der Tiefe des Lebendigen ergeht. Er wird hörbar nicht nur für den, der im engeren Sinn ein Glaubender ist. Mit Sicherheit wird er aber überhört, wo einer nur an der Oberfläche dahinschlendert oder in eingerasteten Konventionen und Traditionen erstarrt. So oder so dringt man nicht vor zum Kern der personalen Existenz, zum Geheimnis.

Menschliche Existenz ist dialogisch. Das bedeutet, dass der Mensch anrufbar ist und antworten kann. Antworten kann er aber nur als einer, der „sich hat", der also „Person" ist oder, mit Karl Rahner, „Hörer des Wortes". Anders gesagt: Der Mensch ist darauf angelegt, „Gespräch" zu sein. Erst so entwickelt er ein Gespür für das, was nicht an der Oberfläche liegt. Erst so kann er wahrnehmen, was mehr ist als unser Tagbewusstsein, bis hin zur Offenheit des Glaubenden, für das Geheimnis im religiösen Sinn.

Ordnung kann verstanden werden als Ziel und als Ansporn der Askese. Offenheit oder auch Aufmerksamkeit dagegen ist ein Zustand, der die Askese bewahrt vor perfektionistischer Erstarrung und vor einer Anstrengung, die nur ichbezogen ist.

Simone Weil geht so weit, die Haltung der wachen Offenheit, *attention*, (wir haben im Deutschen kein voll entsprechendes Wort) für *die eigentliche Substanz des Gebetes* zu halten. In einer Abhandlung über den rechten Gebrauch des

Schulunterrichts charakterisiert sie *attention* als *ein Warten, das nicht sucht*[11], ein absichtsloses, indifferentes Warten also. Das kann in allen geistigen Akten des Alltags erfolgen und sie umwandeln in die Einübung des entscheidenden menschlichen Aktes, sei es des Glaubens oder der Gottesliebe. Kennzeichnend für den wahren Offenstand ist alles, was zum Verlangen nach dem Guten gehört. Mit der Gier nach tausenderlei Dingen, die nie zur Ruhe kommt, hat er nichts gemein.

Offenheit als Offenstand, als Aufmerksamkeit ist nicht identisch mit Askese, wie auch Ordnung sich nicht mit ihr deckt. Aber durch beide wird Askese strukturiert.

Weil durch Offenheit Askese vor verkrampfter Willensanstrengung bewahrt wird, reichen punktuelle Übungen nicht aus. Sie sind unerlässlich; aber in jedem asketischen Einzelakt muss das entscheidend „andere" mit anvisiert werden.

Und dieses „andere" heißt seit je „Gnade". Indem das Denken zur Disposition gestellt wird und sich dem Objekt gegenüber leer und durchlässig macht, wird Askese zur Einübung in die „Armut im Geist", was nichts anderes bedeutet als Demut. Da werden der Gnade leere Hände hingehalten, da öffnet sich der Mensch für die Erfüllung, die er selbst sich nicht geben kann. Zugleich hilft diese Haltung, das Böse in der Seele, das der Armut so heftig widerstrebt, zu zerstören. Man kann es Egoismus nennen oder Habgier oder auch Ehrgeiz, was da zerstört werden soll. Auf jeden Fall ist es der Wille zum Dominieren, namentlich zur Macht durch möglichst viel Wissen.

---

11 Simone Weil, Betrachtungen über den rechten Gebrauch des Schulunterrichts und das Studium im Hinblick auf die Gottesliebe, in: Das Unglück und die Gottesliebe, München 1953, 95-109.

Und noch etwas: Offenstand richtet sich auf Gewissheiten, die man glauben muss, bevor man sie hat. Anders wird man sie nie erlangen. Offenstand lebt vom Paradox des Glaubens. Ich greife darin vor auf etwas, das sich mir entzieht, solange es sich mir nicht schenkt. Indem ich mich ihm öffne, gehe ich ein beispielloses Risiko ein. Aber nur so kann es gelingen, sich zu lösen vom Sog des nur Hiesigen. Mit Bernhard Casper gesprochen[12], hebt sich dann und so das „Segelboot" Mensch ab von der Wasserfläche und kommt voran, sobald es richtig im Wind liegt, in diesem „Wind" der Aufmerksamkeit und des Harrens. Anders kann das *détachement*, das entscheidende „Abheben" (als Gegenpol zum *engagement*) nicht gelingen. Zugleich übt man Hoffnung ein. Und so, als Einübung in Glauben und Hoffnung, ermöglicht es die Askese, sich Gott wie dem anderen Menschen zuzuwenden. Exemplarisch deutlich geworden ist das im allzu früh sich verzehrenden Leben dieser faszinierenden Frau.

Simone Weil versteht Aufmerksamkeit, wie sie etwa in einer Lateinübersetzung oder bei einer Mathematikaufgabe eingeübt werden soll, als die menschliche Seite und Grundlage für jenes besondere Warten, zu dem das Evangelium herausfordert: Das aufmerksame Warten des Türhüters, der dem heimkommenden Herrn die Tür aufschließt, oder das Wachen der öltragenden Gefährtinnen, das den Ruf *Der Bräutigam kommt!* nicht verschlafen lässt.

Auf seine Weise fordert jeder Tag diese Askese der Offenheit. Hier liegen tiefere Verzichte und härtere Übungen bereit, als sie je eine Klosterregel oder ein Zen-Meister vorschreiben

---

12 Bernhard Casper, Warten auf das Unverfügbare. Über die Frömmigkeit der Simone Weil, in: Mut zur Tugend. Von der Möglichkeit, menschlich zu leben (hg. von K.Rahner/R.Walter), Freiburg, Basel, Wien 1979, 159.

könnte. Immer geht es darum, freiwillig ein Stück Eigen-mächtigkeit fortzugeben in das Offene und Ungesicherte hi-nein, das im Glauben allenfalls ein wenig aufgehellt wird. Aber selbst im Glauben, welcher Art auch immer, lässt sich nie unmittelbar absehen, wie aus dem „Nein" zum Ich das „Ja" zum Selbst ersteht. Menschsein für Gott und die Men-schen kostet auf jeden Fall das rückhaltlose Wagnis. Wie hat Jesus seine Jünger darin geschult. Nur sehr zögerlich ließen sie sich in die Schule nehmen, und nur so wurden sie nach und nach offen für das und den ganz anderen und wandel-ten sich von Grund auf.

3. Kampf

Schließlich das dritte Strukturelement: Kampf.

Kampf lässt sich nicht wie Ordnung und Offenstand als selb-ständiges Genus der Askese zuordnen. Kampf ist überall, wo der Mensch um Ordnung ringt. Und Kampf bedeutet auch die Einübung des Offenstands. Askese ist Kampf. Hier fin-det sie ihr eigentliches Terrain. Und insofern das Leben des Menschen auf Erden nie ohne Kampf sein kann, hat Arnold Gehlen recht, wenn er Askese zu den *ganz hohen Kategorien der Menschwerdung*[13] rechnet.

Dennoch stellen wir *Kampf* als Stichwort eigens heraus. Nach Peter L. Berger kommt, wie gesagt, der tiefste Impuls zur Ordnung aus dem Glauben, dass die Wirklichkeit *letzt-lich in Ordnung* ist. Dem widerspricht vehement die tägliche Erfahrung. Die Welt ist keineswegs *in Ordnung*. Und auch der Mensch lebt gründlich vorbei an dem, was er soll. Man

---

13 Das Bild des Menschen im Lichte der modernen Anthropologie. Anthropo-logische Forschung, Reinbek bei Hamburg 1968, 66.

kann das zur Kenntnis nehmen, resignierend oder gleichgültig, passiv oder auch in müder Abwehr und Angst. Wer
nichts als Welt sieht, dem bleibt letztlich keine Hoffnung,
mag er sich so hektisch wie nur möglich engagieren.

Dabei kann sich Hoffnungslosigkeit sehr verschieden äu-
ßern. Man passt sich an oder protestiert. Man lässt alles
laufen oder flüchtet sich in eine Idylle, man steigt aus,
man wird aggressiv, man spielt den ahnungslosen oder
den gleichgültigen Zuschauer. Wer dagegen auch nur einen Funken Hoffnung hat, wer sich gar bekennt zu etwas
über das Erfahrbar-Sichtbare Hinausreichendes, der findet
sich nicht ab. So oder so setzt er sich mit dem status quo
auseinander.

Das aber bedeutet, dass er kämpft. Nicht nur um Brot und
Überleben, nicht nur gegen Zwänge und Bedrohungen. Gekämpft wird gegen den Zwiespalt des Herzens, gegen Versuchungen und blinde Leidenschaften, gegen das unkontrollierte Auf und Ab der Stimmungen und Emotionen. Und
schließlich ist da der alles entscheidende Agon, den Paulus
im Kolosserbrief benennt. Da wird gekämpft nicht nur gegen Fleisch und Blut, sondern gegen die *Mächte, gegen die
Vollmachten, gegen die Weltgewalthaber dieser Finsternis,
gegen die Geisterschaften der Bosheit in den Himmelsregi-
onen* (6,12; übers. Stier). Jeder kennt diesen Kampf, so ana-
chronistisch die hier gebrauchten Begriffe anmuten mögen.
Die Übertragung in heutige Sprechweise ist das eine. Ein anderes ist die Erfahrung, die jeder halbwegs wache Mensch zu
allen Zeiten macht: dass er nämlich in einem Kampf steht,
der Menschenkraft absolut überfordert. Von Gottes Rüstung
ist bei Paulus daher die Rede und dass ohne sie niemand
standhalten kann am bösen Tag.

31

Nicht nur dieser Kampf, sondern Kampf überhaupt hat heute schlechte Karten. Literatur und Kunst sind da verräterisch. Wohl gibt es die Suche nach rechter Lebensgestaltung. Doch sie soll nichts kosten. Man möchte gelingendes Leben ohne Anstrengung, ohne Leiden, ohne mühsame Übung und namentlich ohne Entsagung.

Einer Shell-Studie (2006) zufolge gehören deutsche Jugendliche zwischen zwölf und fünfundzwanzig zu einer *pragmatischen Generation unter Druck*, voll Zukunftsangst und ohne Neigung zur Auseinandersetzung. Es muss sich durchaus etwas ändern, aber ändern müssen sich die anderen. Die Neigung zum Rückzug ins Private, in die vertraute Idylle, kurz: Egotaktik wird ihnen bescheinigt. Der „neue Biedermeier" sei nicht aggressiv, heißt es. Eher sei er schockiert von der Wirkungslosigkeit seiner Existenz auf die Wirklichkeit. Unbeeindruckt von einem Credo, religiös oder areligiös, dominiere lässige Gleichgültigkeit.

Wie immer solche Umfragen zu bewerten sind und wie kurzlebig sie sein mögen: Für Askese scheint es hier keinen Ansatz zu geben.

Und doch begegnet auch heute eine Jugend, die der Mühe keineswegs aus dem Weg geht, die im Wettkampf das Letzte aus sich herausholt, die zupackt, wenn „Not am Mann" ist, die Zeit hat für alte und kranke Mitmenschen und die ihre Betroffenheit vom Elend so vieler Straßenkinder kaschiert, indem sie angibt, der Einsatz für sie in Rumänien oder Afghanistan oder auch in Ostberlin mache „Spaß ". In all dem wird gekämpft, auch wenn man es nicht so nennt.

Nun ist nicht jeder Kampf auch schon Askese. Aggressivität etwa ist ein Naturgesetz. Wer weiterkommen will, muss kämpfen, und meistens geht das nicht ohne Ellenbogen. Allerdings gibt es auch Aggressivität, die nichts will als zerstören. Zu Zeiten hat man Askese mit ihr verwechselt. Feind war da der eigene Körper und überhaupt die Materie. Gegen diesen Feind hat man gewütet mit körperlicher Züchtigung, mit Fasten, Nachtwachen, Bußgürtel und Geißel. Aber alles das ist nicht Kampf der Askese.

Askese soll nicht zerstören, sondern gestalten helfen. Erfahrene Seelsorger wussten das seit je. Sie stuften Übungen, die sie die *inneren* nannten, weit höher ein als noch so harte körperliche Leistungen. Der wahre Kampf, so Johannes Tauler, ziele auf Gewaltiges, das müsse der Mensch mit Arbeit und mit Fleiß erkämpfen. Mit dem „Gewaltigen" ist hier Gott gemeint und sein Reich. Nach Tauler geht es im Kampf der Askese letztlich darum. Die Entscheidung fällt im Inneren des Menschen, dort, wo sich der Herrschaftswechsel vom Tod zum Leben vollzieht, wenn die Gnade des Geistes *die Sünde wie einen unerbetenen Gast aus der Seele hinauswirft* (Martin Luther).

In der Tradition christlicher Askese hat man den Widersacher sehr genau gekannt. Man nannte ihn mit der Bibel „Satan" oder „Teufel". Damit sind die Fronten klar. Es ist dieser Feind, mit dem der Apostel sich und seine Christen konfrontiert sieht. Für den Kampf mit ihm will er die Gemeinden zurüsten. Ihm begegnet auf Schritt und Tritt, wer die Schrift kennt, wer nicht zuletzt die Psalmen liest und betet. Die Liste der „Widersacher" reicht vom *Treubruch*, der nach Psalm 36 im Herzen des Menschen *raunt*, über die Lügner, Mörder und Betrüger (Ps 5), die Gottes Zorn trifft, bis zum Bösen schlechthin. Der Böse nimmt Gestalt an in den alttestamentlichen Feinden Israels. Eindeutig wird er dort demaskiert, wo der *Gesalbte des Herrn* gegen den *Fürsten dieser Welt* kämpft in Menschen, die von Dämonen besessen sind. Der Versucher in Person ist es, der seine finstere Rolle spielt in der lebenslangen Passion Jesu, bis seine Macht zerbricht im Kreuzestod und in der Freude des Auferstehungsmorgens, der keinen Abend kennt.

Interessanterweise ist das Böse heute wieder ein Thema.[14] Und es bleibt nicht beim Neutrum. *Es gibt die Macht, die alles zum Bösen wenden will, es existiert jemand, der dafür sorgt, dass die Dinge sich unter den demütigendsten Umständen abspielen*, diagnostiziert Joachim Fest in seiner Hitlerbiographie. Er bringt ins Wort, was viele ahnen: dass es die Gegenkraft gibt, die nicht will, dass der Mensch das wahre Leben hat, dass überhaupt Leben ist. Es gibt den Feind von Urbeginn, der sich in den Verfinsterungen der Menschheitsgeschichte immer wieder meldet, solange er noch Zeit hat.

Wenn Askese Kampf ist, so ist sie vor allem der Kampf im Herzen jedes Menschen. Er spielt sich etwa dort ab, wo einer verzweifelt nicht er selbst oder nur er selbst sein will. Wer kennt nicht die Versuchung, anderen in die Schuhe zu schieben, was doch der eigene Ehrgeiz angerichtet hat, die eigene Eitelkeit, Schadenfreude oder Machtgier. Oder man weist gutgemeinten Rat ab, vertuscht eine Fehlleistung, will immer und überall die erste Geige spielen.

Die größte Gefahr begegnet in dem ständigen Versuch, dem Kampf auszuweichen. Es ist so viel bequemer, den Stier nicht bei den Hörnern zu packen. Damit geht man aber genau der Strategie des Feindes auf den Leim. *In erster Linie*

---

14 Vgl. u.a. Das Böse und die Sprachlosigkeit der Theologie (hg. von Klaus Berger, Ulrich Niemann SJ, Marion Wagner), Regensburg 2007.

müssen wir ihn daran hindern, irgendetwas zu unternehmen, lautet eine der Dienstanweisungen in Clive Staples Lewis *The Screwtape Letters.*[15] Und, besonders raffiniert: *Lasse ihn alles tun, ohne zu handeln.* Wer handelt, verhält sich verantwortlich. Daran soll der Unterteufel seinen „Klienten" um jeden Preis hindern. Wo das gelingt, ist der Kampf bereits entschieden. Und meistens merkt es das Opfer nicht. Vom Herzen gehen die Stimmungen aus, die Verweigerungen, die Begierden. Sie können den Menschen beherrschen und zu Ungeheuerlichkeiten treiben. Wie Wellen ausgehen von einem winzigen Stein, den man in den Teich wirft, und bis zum Ufer hin alles aufwühlen, und wie der Flügelschlag des Schmetterlings Taifune auslösen kann, so ist es mit Gedanken, die man in die Tat umsetzt, vielleicht sogar mit Gedanken, die man lediglich denkt. Geschichte machen nicht die Protagonisten, Geschichte ist die Tat von unzähligen Einzelnen, deren Leben scheitert oder gelingt.

Frühchristliche Mönche wussten von Versuchungen durch die *logismoi,* die *Gedanken,* in denen sie dämonische Kräfte am Werk sahen. Und es waren keineswegs nur sexuelle Verlockungen und Reize, mit denen diese Asketen kämpften. Sie galten als kampferfahren und wurden von vielen um Rat gefragt. Man kann nur staunen, was da in den *Weisungen der Väter* an Menschenkenntnis zum Vorschein kommt. So etwa, wenn sie gequälten Menschen den Rat gaben, Hilfe zu finden, indem sie anderen halfen. Dem hielt der Teufelskreis der Ichbezogenheit nur selten stand. Oder die kluge Therapie, nicht auszuweichen, nicht zu fliehen, sondern *in der Zelle* auszuhalten. Sie hat bis heute nichts an Aktualität verloren. Und aktuell ist nicht zuletzt die Weisheit, mit

---

15 C.S. Lewis, Dienstanweisung für einen Unterteufel, Freiburg/Basel/Wien 1975, 60.

der sie Hilfesuchenden das Gebet ans Herz legten. Anders als so mancher moderne „Seelenarzt" wussten diese frühen Asketen, dass der Widersacher letztlich nur so zu bezwingen ist. In der durchgehaltenen Einsamkeit der Zelle wird der Kampf durchschaut als das, was er wirklich ist: als Auseinandersetzung zwischen Gott und dem Urfeind alles Lebens.

Spätestens dann ist der Kampf des Gebetes angesagt. Der Mensch ringt sich dazu durch, sich seine und aller Menschen Ohnmacht einzugestehen. Seine eigene Kraft reicht nicht. Aber er verkriecht sich nicht in seine Hilflosigkeit und Unzulänglichkeit; er stellt sich, wie er ist, vor Gott hin. „Herr, hilf mir!", so oder ähnlich überlässt er sich und seine Welt der Macht, von der mit der ganzen Schöpfung auch er selbst ins Leben gerufen wurde und die das Geschaffene nicht dem Chaos preisgibt. Der Beter redet diese Macht an. Er bekennt sie als seinen Gott. Und indem er den Angeredeten groß sein lässt und sich klein, kämpft er den einzigen Kampf, der hier noch eine Chance hat.

Askese, so gesehen, ist Kampf auf Leben und Tod. Wer diesem Kampf nicht aus dem Weg geht, stößt aber noch auf etwas: dass nämlich Askese nicht nur Notwendigkeit ist, sondern auch Grenze. Grenze zwischen Tat und Erleiden, Grenze zwischen Natur und Gnade, Grenze, die zur Schwelle werden kann, über die hinweg sich der Beter dem Asketen anheim gibt. In ihm, dem Asketen Christus ist die Welt, ist der Mensch schon jetzt, wie sie sein sollen. Wer sich in den Kampf Christi einlässt, wer als Getaufter „ein Geist" mit ihm wird, der wächst im Mitleiden und Mitauferstehen zur Vollgestalt des Glaubens und des Menschseins. Ignatius von Antiochien bringt es auf den Punkt, wenn er die römischen Christen bittet, seinen Tod nicht zu verhindern: *Lasst mich das reine Licht empfangen; dort angelangt, werde ich wirklich Mensch sein.*[16]

Wenige werden zu dieser Vollgestalt gelangen, menschlich wie christlich. Askese zielt bei jedem auf das ihm persönlich Zugedachte: auf den im Licht Gottes neu gewordenen Menschen. Wer ihre Mühe nicht scheut, wird dieses Ziel und damit seinen Beitrag für seine Welt nicht verfehlen.

---

16 Ignatius von Antiochien, An die Kirche der Römer, in: Die Briefe (übertragen und eingeleitet von Ludwig A. Winterswyl), Einsiedeln 1965, 45.

1. URTEIL OHNE RICHTEN

1. Zu den Überraschungen, die das frühchristliche Mönchtum bereit hält, gehört die Weisung: Richtet nicht! Sie hat Vorrang vor jeder anderen asketischen Übung. Auf die Frage unerfahrener Brüder: *Was muss ich tun, um das Heil zu erlangen?* antwortet sehr häufig der Altvater: *Unterlasse das Verurteilen – richte nicht!*

So möchte einer wissen: *Sage mir, wie ich Mönch werde. Die Antwort: Wenn du Ruhe finden willst, hier wie dort, dann sprich bei jeder Handlung: ,Ich – wer bin ich?' und richte niemanden.*[17] Ein anderer gibt den Rat: *Tue keinem etwas Böses und urteile über niemanden! Das beachte, und du wirst das Heil finden* (WV 481; vgl. 399). – Ein anderer vergleicht das Fasten und das Almosengeben mit dem Nichtrichten: Nichts hält diesen Vergleich aus. *Eure Übungen sind gut, aber wenn ihr euer Gewissen vor Fehlern gegen den Nächsten bewahrt, dann werdet ihr gerettet werden* (WV 763). Der Fehler gegen den Nächsten ist das Richten.

Die Gefahr der Täuschung ist ja groß: *Auch wenn ihr es mit Händen greifen könnt, urteilt nicht!* (WV 688) Vor allem aber: *Alle, die ihre Brüder verurteilen, gehen durch (dieses) Schwert zugrunde. Du aber hast nicht verurteilt, sondern dich vor dem Angesicht Gottes verdemütigt, als hättest du diese Sünde begangen. Deswegen ist dein Namen eingeschrieben im Buch der Lebendigen* (VW 786). Und:

---

17 Weisung der Väter. Apophthegmata Patrum, auch Gerontikon oder Alphabeticum genannt. Eingeleitet und übersetzt von Bonifaz Miller, Freiburg 1965, 385. – Im Folgenden zitiert als WV mit Text-Nummer.

Wer sich selber kennt, der sieht die Fehler der Brüder nicht!
(WV 1011).

2. Richten über einen anderen heißt: Nutzloses reden. Zu
der Stunde, in der wir den Fehler unseres Bruders zudecken,
deckt Gott auch den unseren zu. Und in der Stunde, in der
wir den des Bruders aufdecken, offenbart Gott auch den unseren.

Aufschlussreich ist die Antwort eines Altvaters an einen Bruder, der gerichtet hat. Er sagt: *Den Bruder richten heißt am
Bruder vorbeisehen in der Zeit seiner Versuchung* (WV 638).
Das heißt so viel wie: Ihm die Hilfe der Liebe vorenthalten,
den anderen übersehen. – Und umgekehrt beleuchtet diese
Antwort eine oft unbeachtete Seite der Nächstenliebe: *Das
Absterben dem Nächsten bedeutet (nicht etwa, ihn nicht be-
achten oder nur Gott im Auge haben wollen, sondern), dass
du deine Sünden trägst und die jedes anderen Menschen unbeachtet lässt. Das heißt: Nicht richten!* (WV 512)

Soll man einen Bruder zurechtweisen, wenn er sich vergeht?
Der Abbas antwortet: *Was mich betrifft: wenn ich durch
jene Gegend wandern muss und ich sehe einen fehlen, dann
gehe ich an ihm vorbei und weise ihn nicht zurecht* (WV
587). – Oder der Antwortende bezieht sich auf die Schrift:
Wenn ein Bruder fehlt, was hätte man dann zu Gott gesagt?
Antwort: *Ich hätte gesagt: Du hast gesprochen: Entferne zuerst den Balken aus deinem Auge, dann erst kannst du sehen,
wie du den Splitter aus dem Auge deines Bruders ausziehen
kannst* (Mt 7,5. WV 705).

Auf eine defekte Gottesbeziehung verweist das „Gebet", das
ein Altvater einem unbarmherzigen Bruder vorspricht: *O Gott,
wir haben Dich nicht mehr nötig, du brauchst nicht mehr für*

1. Urteil ohne Richten

uns zu sorgen. *Denn wir verschaffen uns selbst unsere Rache.* Darauf der erschütterte Bruder: *„Ich werde mit dem Bruder nicht mehr rechten, verzeih mir, Abbas!"* Mit dem Bruder „rechten" ist dem Richten und Verurteilen ganz nahe.

Im Fall einer Pädophilie verurteilt der Altvater nicht, sondern sagt: *Wenn Gott, der sie gebildet hat, sie nicht mit Feuer verbrennt, wer bin dann ich, dass ich sie tadle?* – Besonders schön auch: Gott weiß nicht, was er mit dem gestrauchelten Bruder anfangen soll, sagt der Engel zu dem urteilenden Bruder, der sein Vergehen einsieht und um Verzeihung bittet. Darauf der Engel: *Steh auf, Gott hat dir verziehen. Aber sei in Zukunft auf der Hut, und verurteile niemanden, ehe der Herr ihn gerichtet hat.*

Man hielt Makarios den Großen für einen Gott auf Erden (vgl. Ps 82,6). *Denn wie Gott die Welt schützend deckt, so bedeckte Altvater Makarios die Schwächen, die er sah, als sähe er sie nicht, und was er hörte, als hörte er es nicht* (WV 422). Das Nichtrichten macht also in den Augen der Altväter den Mönch groß wie einen Gott auf Erden.

3. Warum soll der Mönch nicht richten und sich selbst sein Recht verschaffen? Der vorausgehende Durchblick gibt eine erste Antwort.

Zunächst, wie bereits erwähnt, ist da die Gefahr der Täuschung. Allzu nahe liegt, dass man dem Bruder Unrecht tut. Niemand kann garantieren, dass er sieht, was wirklich so ist und geschieht beziehungsweise geschehen ist. Niemand kann aber auch sicher sein, dass er alles weiß, was für ein gerechtes Urteil nötig ist. Und niemand kann für sich selbst einstehen, dass er tatsächlich ohne Vorurteile und unangemessene Gefühlsregungen wie Neid oder Eifersucht urteilt.

Ein zweiter Grund: die eigene Sündhaftigkeit. *Dir allein habe ich gesündigt*, betet der Psalmist (Ps 51,4). Wer sich bemüht, den Nächsten im Angesicht Gottes zu sehen, wird nicht an seiner eigenen Sündigkeit vorbeisehen können. Besonders scharf steht im Kontrast dazu die handgreifliche Verurteilung durch den begnadigten Knecht im Evangelium: Im Hinausgehen schon würgt er den Mitknecht wegen einer winzigen Schuld und spielt sich zu seinem unbarmherzigen Richter auf (Mt 18,28-30). Dem, der seine eigene Schuld vor Gott erkennt, verschlägt es die Stimme, mit der er andere verurteilen könnte. Und nicht nur aus Gerechtigkeit, sondern weil ihn Gottes unendliche und grundlose Barmherzigkeit so beschämt, kann er nicht anders als die Sünde des anderen zudecken, wie Gott es bei ihm tut. Dagegen sieht am Bruder vorbei, wer ihn richtet: er übersieht ihn, er verachtet ihn, er wird ihm gerade nicht gerecht.

Schließlich ein dritter, vielleicht der schwerwiegendste Grund: Wer sich anmaßt, den Richter über seinen Bruder zu spielen, verfehlt sich nicht nur gegen die Liebe oder die Achtung des anderen, sondern er schaltet in letzter Konsequenz Gott aus in einer Art praktischem Atheismus.

Es sagt viel aus über das Gottesbild der frühchristlichen Mönche und zugleich über ihr Menschenbild, dass sie vor allen anderen asketischen Übungen dem Nichtrichten den wichtigsten Platz zuerkennen. Es ist der Platz der praktischen Demut und der konkreten Liebe. Dadurch zeigen diese Gottsucher zugleich, wie sie Askese einordnen: Sie gehört für sie nicht nur der Moral zu, sondern gibt Auskunft über ihr Sein vor und für Gott.

4. Das Thema des Richtens und Verurteilens zieht sich wie ein roter Faden durch die Jahrhunderte. Eindeutig ist die Position

der Bibel. Sie kennt das Verlangen aller Menschen und jeder Gesellschaft nach einer Ordnung, speziell nach einer Rechtsordnung. Sie weiß also auch um das Verlangen nach Gerechtigkeit für alle und für jeden. Aber im Unterschied zu anderen Dokumenten weiß die Bibel die Sorge dafür und die Kraft, sie durchzusetzen, zuerst und zuletzt in Gottes Hand.

Die Hoffnung richtet sich auf die endzeitliche Zurechtbringung der Welt durch Gott selbst, auch wenn in Israels Geschichte zwischenzeitlich das Amt der Gerechtigkeit besonders Beauftragten anvertraut ist: den Richtern, den gottberufenen Führern, den Propheten und Königen und schließlich dem Messias. Zuletzt bleibt in allen Wechselfällen der Geschichte dem Herrn der Gerechtigkeit die Strafe für Unrecht und die Durchsetzung der Gerechtigkeit überlassen. Es zeigt immer einen Mangel an Glauben, wenn der Mensch, sei er auch König oder Prophet, eigenmächtig für Recht und Gerechtigkeit sorgen will. Er bringt damit zum Ausdruck, dass er Gott nicht braucht oder er Gott jedenfalls nicht (mehr) zutraut, das Recht durchsetzen zu können.

Jesus bezieht sich oft auf das letzte Gericht. Es bedeutet für ihn den Anbruch des Gottesreiches und das heißt: den Durchbruch der universalen Zurechtbringung (Richtung) der Welt und Geschichte. Unmittelbar vor seiner Passion lässt der vierte Evangelist den Herrn ausrufen: *Jetzt wird Gericht gehalten über diese Welt, jetzt wird der Herrscher dieser Welt hinausgeworfen werden (Joh 12,31)*. Das endgültige Gericht findet bereits statt in dieser geschichtlichen Zeit Jesu und seiner Passion. Und: Schon jetzt entscheidet sich mit dem Glauben oder Unglauben eines jeden gegenüber Jesu Geschick das Gerichtetwerden für den Einzelnen: *Wer glaubt, wird nicht gerichtet, wer nicht glaubt, ist schon gerichtet, weil er dem Licht nicht glaubt (Joh 3,18 ff.)*.

Erst auf dem biblischen Hintergrund werden die Weisungen Jesu in Bezug auf menschliches Richten ganz verständlich. *Richtet nicht, damit ihr nicht gerichtet werdet*, heißt es bei Matthäus und den anderen Synoptikern. Und es folgt der schon erwähnte drastische Vergleich mit dem Balken im eigenen Auge und dem Splitter im Auge des Bruders. Wer richtet, ist einer, der sich und anderen etwas vormacht. Jesus nennt solche und namentlich alle, die seine Jünger ungerecht verurteilen, „Heuchler" (Mt 7,5). Was er damit sagen will, zeigt die Gegenüberstellung des selbstgefälligen Pharisäers mit dem Zöllner, der bis in seine Körperhaltung hinein bekennt, dass er Sünder ist (Lk 18,9-14). Jeder, der seinen Bruder richtet, verhält sich wie der Pharisäer. Er tut im letzten so, als sei er Gott. Er glaubt nicht an das in Jesu Passion schon ergehende Gericht. Er leugnet die endgültige Ordnung, die durch das Kreuz des Herrn schon angebrochen ist. Im Grund will er gar nicht die Ordnung des Erbarmens über den Sünder, der einsieht und zugibt: *Herr, sei mir Sünder gnädig!* Das aber ist die alles lösende Haltung des Menschen. Der Zöllner macht sie deutlich, *er geht gerechtfertigt nach Hause* (Lk 18,18). Und ebenso der rechte Schächer, dem seine Bitte um Jesu *Gedenken* das Paradies öffnet (Lk 23,43).

5. In der großen Literatur wird auf viele Weise das Verlangen dargestellt, Ordnung zu schaffen, indem man richtet. Auf die Spitze getrieben wird dieses schier unausrottbare Begehren von Werner Bergengruen in seinem Roman „Der Großtyrann und das Gericht". Das Buch ist kurz nach dem Ende des „Dritten Reiches" erschienen. Deutlich spiegelt sich der NS-Gewissensterror wider im Anspruch des Herrschers auf die Innenschau seiner Untertanen. Der Großtyrann versteht sein Amt als „Abbild des Herzensforschers und Weltenrichters".[18] Daher

---

18 Werner Bergengruen, Der Großtyrann und das Gericht, München 1949, 306.

führt er alle möglichen Menschen in Versuchung, souverän spielend mit der menschlichen „Leichtfälligkeit" und schließlich scheiternd an der Einfalt des Färbers, der freiwillig sterben will für die verwirrte Stadt: Er bekennt sich des unaufgeklärten Mordes schuldig. Im Färber wird eine Christusgestalt gezeichnet, die aber ihrerseits in Versuchung fällt: in die Versuchung der einzigartig heroischen Tat anstelle des langsamen Aufstiegs im alltäglichen „Gottesdienst auf Erden".

Grandios das Eingeständnis des Großtyrannen, mit dem die vielfältigen Knäuel sich mit einem Schlag lösen: *Die Tötung des Fra Agostino steht außerhalb der Gerichtsbarkeit. Ich selbst habe sie mit eigener Hand vollzogen, da ich mich von seiner Verräterei überzeugt hatte und doch kein Gerichtsverfahren wünschen konnte, denn es ging um sehr heimliche Staatsdinge.*[19] Mit tiefster Empörung reagieren alle Betroffenen. Don Luca, der bäuerische Priester, bringt die Sache auf den Punkt: Der Großtyrann sei der ärgsten Versuchung unterlegen, nämlich *der des Gottähnlichseinwollens.* Es ist die Versuchung der Schlange: *Ihr werdet sein wie Gott, indem ihr wissen werdet das Gute und das Böse.* Der den „Weltenrichter" spielen wollte, steht nun selbst unter dem Gericht, *wenn auch nicht unter dem unseren.*[20] Die Bitte um Vergebung an alle ist groß und ohne Parallele in der NS-Tyrannei. Der Großtyrann lässt die Hände von seinem Gesicht sinken: ,*Vergebt mir', sagte er in die Stille hinein. ,Denn ich bin der Schuldige.*[21] In diesem Schuldbekenntnis findet die Tragik der angemaßten Richterrolle ihre Lösung. Und es entsteht dadurch eine Gemeinschaft von Schuldigen, die einander vergeben.

---

19 Ebd.
20 Ebd. 317.
21 Ebd. 306.

In Ingeborg Bachmanns Hörspiel „Der gute Gott von Manhattan" und in Dostojewskijs Großinquisitor in dem Roman „Die Brüder Karamasow" wird noch einmal anders einem menschlichen Richter Gott als Angeklagter gegenübergestellt. Im Hörspiel endet das Gericht mit Schweigen als letztem „Wort". Im Roman wird der angeklagte Jesus vom richtenden Kardinal entlassen, nachdem der „Angeklagte" seinen „Prozess" durch den Kuss seines Erbarmens ad adsurdum geführt hat. Das in beiden Dichtungen verdeutlichte Theodizee-Problem bleibt so offen, wie das Problem selbst unlösbar ist. Unlösbar und zugleich frevelhaft. Im Verlangen nach Gerechtigkeit und Ordnung sucht der Mensch aller Zeiten nach einem Schuldigen. Weil er sich selbst nicht anklagen will, stellt er Gott unter Anklage. Indem der Mensch sich gottgleich macht, soll Gott menschengleich werden. Dass dieses absurde Schauspiel vom Herrn unseres christlichen Glaubens in Jesus Christus zur Wirklichkeit gemacht wird, übertrifft alles, was menschliche Phantasie ersinnen kann.

6. Die Weisung der frühchristlichen Mönche *Richtet nicht!* zielt nicht so hoch. Oder doch?

Vielleicht kann das „Glasperlenspiel" von Hermann Hesse zu einer Antwort verhelfen. Es geht um die Kurzerzählung „Der Beichtvater" im Anhang.[22] Josephus Famulus, seit seinem dreißigsten Jahr Eremit, hat als Beichtvater einen weit verbreiteten Ruf erlangt. Vor allem zeichnet ihn die Gabe des Zuhörens aus. Man sagt ihm alles, er seinerseits spricht nur ganz selten eine Mahnung oder Warnung aus, noch seltener einen Rat oder Befehl. *Sein Amt war, Vertrauen zu erwecken und zu empfangen, geduldig und liebevoll zuzuhören, dadurch der noch nicht fertig gestalteten Beichte vollends*

---

22 Hermann Hesse, Das Glasperlenspiel, Düsseldorf 1963, 536–573.

zur Gestalt zu verhelfen, das in den Seelen Gestaute oder Verkrustete zum Fluss und Abströmen einzuladen, es aufzunehmen und in Schweigen einzuhüllen. Am Schluss lässt er den Beichtenden neben sich knien und betet mit ihm das Vaterunser. Und unvergleichlich ist, dass er, *ehe er ihn entließ, auf die Stirn küsste (...), es war weder das Richten noch das Verurteilen der Schuld seine Sache.*[23]

Ein anderer Eremit, Dion Pugil, reagiert dagegen mit Schärfe auf die Bekenntnisse. Er ist bekannt als *großer Richter, Bestrafer und Ordner, (...) seine Autorität war gleich der eines Bischofs.*[24] Er spielt die Rolle Gottes.

Beide geraten in eine persönliche Krise. Beide verlassen fluchtartig ihre Oase, und beide suchen den jeweils anderen Eremiten, der als Beichtvater berühmt war.

Sie begegnen einander, Josephus, ohne Dion zunächst zu erkennen, Dion, der Josephus sofort erkennt, es aber lange nicht merken lässt. In einer erschütterten und erschütternden Bekehrung finden beide die Lösung. Josephus beichtet bei Dion, der sich ihm gegenüber verhält, wie Josephus es als Beichtvater so lange gemacht hatte: Er urteilt nicht, er richtet nicht, er hört nur zu und küsst Josephus mit seinem Segen zum Abschluss. Im Spiegel, den Dion ihm vorhält, erkennt er, dass er recht getan hatte, nicht zu richten.

Dion, dessen Schüler Josef wird, begründet ihm, nachdem er aus schwerer Krankheit genesen ist, warum Menschen einander nicht richten dürfen. Nun sei er nicht mehr Richter des fehlerhaften Demiurgen Gott, nun sei er *ein dummer,*

---

23 Ebd.
24 Ebd. 540

schweigsamer und geistloser Mensch, der zwar die Kräfte seines Körpers wiedergewann, nicht aber die Freude am Philosophieren. In seinen Fiebernächten hat er den Erlöser bei sich gefühlt, und Kraft ist von ihm ausgegangen und in ihn eingegangen. Er hat die Sehnsucht nach dieser Nähe behalten und gehört *seitdem zu den Einfältigen.*[25] Und nun weiß er: *Wir haben es nicht mit dieser oder jener Entgleisung zu tun, sondern immerdar mit der Urschuld selbst; darum kann einer von uns den anderen nur des Mitwissens und der Bruderliebe versichern, nicht aber ihn durch eine Strafe heilen.*[26]

Genau darum geht es: Menschen stehen immer auf einer Stufe mit anderen Menschen, auf der Stufe der „Urschuld". Daher gibt es keinen Grund und auch kein Recht, einander zu richten. Wir können nur miteinander Geduld haben und einer dem anderen barmherzig sein. Außerdem: Dion hat sich in Josephus hineingedacht, als er so krank war. Er hat ihn und mit ihm sich selbst erkannt und wurde so geheilt. Aus dem kühl prüfenden Abstand des richtenden Beichtvaters ist der Bruder geworden, der den anderen liebt, als wäre er selbst.

So finden beide Eremiten zu ihrer inneren Ordnung, zur Herzensruhe und also zum Frieden, zur Gerechtigkeit aus Liebe. Damit löst sich hier das Problem des Nicht-Richtens. Zugleich beantwortet sich die Frage, wie einer Mönch werden und das Heil finden kann.

Die Beispiele aus der Menschheitsliteratur ließen sich fortführen. Wenn sie uns anrühren, liegt es daran, dass es sich

---

25 Ebd. 565.
26 Ebd. 568.

bei dem Thema Nichtrichten immer – mehr oder weniger – um „unsere" Sache handelt. Jeder von uns kann sich dabei ertappen, dass er sich als der Richter seines Bruders aufführt. Und nur selten fühlen wir uns im Unrecht: Geht es doch um Ordnung, wer wollte sie nicht!

7. Die frühen Mönche hielten das Nichtrichten für eine der wichtigsten asketischen Übung. Was ist daran Askese? also Verzicht? also Disziplin und Selbstbeherrschung? also Übung auf ein Größeres hin, auf einen höheren Wert?

Askese ist hier zuerst der Verzicht auf Selbstbestätigung. Ich enthalte mich des Urteils, weil ich mich für nicht kompetent ansehe; ich bescheide mich also. Ich vermeide aber auch Rechthaberei, die immer nach Hochmut schmeckt; ich lasse dem sachlich Richtigen Raum. Ich verzichte auf das Begleichen alter Rechnungen aus Großmut, aus Barmherzigkeit und vor allem im Blick auf unbeglichene eigene Rechungen – die Alten sagten dafür: im Blick auf die eigene Sündigkeit oder sogar: im Blick auf die gemeinsame Ursünde. Ich verzichte auf das Ausleben heißer Affekte (Zorn, Beleidigtsein, Hochmut, Wut), um mich auch sonst besser in die Hand zu bekommen. Ich übe das Leben in Gottes Gegenwart ein, indem ich die anstehende Unordnung an der eigenen Unordnung messe. Vor allem verzichte ich darauf, Gott zum Sündenbock zu machen, weil ich die viel größere Unordnung meines inkonsequenten Lebens messe an der „richtigen" (also „gerechten") Gottesverehrung und Liebe.

Hinzu kommt, dass Richtenwollen eine Reaktion ist, die, wie alles Emotionale, keiner Kontrolle unterliegt. Unkontrolliert am Richtenwollen ist vor allem die Überheblichkeit. Ich fühle mich dem anderen überlegen. Spontan messe ich ihn und sein Tun an meinem Maßstab. Wenn ich nicht richte, verzichte ich darauf, meinen Maßstab anzulegen. Ich nagle den anderen nicht fest auf ein vorgefertigtes Bild, ich versuche, ihm gerecht zu werden. So übe ich in zweifachem Sinn Freiheit ein: Ich lasse ihn frei, und ich werde selbst frei. Ich lasse mich nicht einschnüren von den engen Grenzen meines Urteils.

So übe ich im Kampf gegen meine unkontrollierte Reaktion Askese: als Verzicht wie als Einübung einer doppelten Freiheit.

Natürlich muss ich mir als denkender Mensch ein Urteil bilden. Ganz abgesehen davon, dass ein Gemeinwesen wie der Staat das Amt des Richters braucht. Das steht hier nicht zur Rede. Zur Rede steht das Richten im mitmenschlichen Umgang. Und da macht es einen Unterschied, ob ich informiert und mit guten Gründen einen Standpunkt finde oder ob ich überheblich, vorschnell und emotional über eine Sache urteile und schließlich den Mitmenschen verurteile. Von Askese als Verzicht auf Unkontrolliertheit und als Einübung von Freiheit kann nur bei einem verantworteten Urteil die Rede sein.

In den Weisungen der Mönchsväter heißt *nicht urteilen, nicht richten* so viel wie: dem Richter schlechthin, nämlich Gott das Urteil überlassen. Er allein kann das Herz und also auch die Schuld des Menschen ergründen. Nur er, der göttliche Herzenskenner, kann daher gerecht richten.

Denn darum geht es im Wesentlichen: um ein Offenlegen des Herzens. Wer sich dessen bewusst ist und dennoch zu urteilen wagt, setzt sich letztlich an Gottes Stelle. Askese im Verzicht auf Richten ist, noch einmal, nicht nur moralisch lobenswert. Weit darüber hinaus übt sie jene Haltung ein, die dem Menschen Gott gegenüber zukommt, vor seinem Angesicht, in seiner Wahrheit und im Bewusstsein der eigenen Schuld.

Erst so kann man den hohen Rang begreifen, den die Weisung: *Richtet nicht!* bei den Mönchen der Frühzeit und zuvor schon im Neuen Testament einnimmt. Im Grund geht es um die Verwirklichung der Liebe als einzig angemessener Antwort darauf, dass Gott uns Menschen liebt. Dem will die Askese des Nichtrichtens dienen, darin gipfelt die Freiheit, auf die hin verzichtet wird, so sieht das Leben aus, das denen zugesagt ist, die nicht richten.

2. GESTALTETE ZEIT

1. Je mehr man über die Zeit nachdenkt, desto rätselhafter wird sie.

Zeit vergeht, sagen wir. Tut sie das? Oder sind wir es, die vergehen? Und die Zeit ist nur der Rahmen, den wir zu wenig, zu flüchtig oder aber optimal ausgefüllt haben?

Dann wieder sagen wir: Die Zeit steht still. Im Stillstand sind aber wir. Wenn wir die Zeit nicht ausnützen. Wenn wir sie vertändeln. Wenn wir uns langweilen. Wenn wir nichts mit ihr machen.

Da merken wir: Die Zeit ist Chance. Sie ist ein Geschenk, uns angeboten. Wir können die Chance verpassen. Wir können das Geschenk ablehnen. Wir können ein ganzes Leben verpassen. Und dann verklagen wir die Zeit, dass sie uns nichts gebracht hat.

Auch eine Landschaft ist die Zeit. Die Landschaft unserer Lebensreise. Vom Zugfenster aus meinen wir, dass sie enteilt. In Wirklichkeit enteilen wir. Und merken erst an der Endstation, wenn es zu spät ist, dass wir die Landschaft nicht richtig kennen gelernt haben. Der Zug enteilt, nicht die Zeit.

Mit vielem sonst kann man die Zeit vergleichen. Je nachdem wird sie sehr unterschiedlich empfunden.

Hölderlin nennt Zeit, aus der Gott entschwunden scheint, *dürftig*. Und einen Sonntagmorgen ohne Gott *bleiern*. Marie-Luise Kaschnitz hält ihre Gegenwart für eine *reißende*

Zeit. Jesus sagt beim Beginn seines öffentlichen Wirkens: *Jetzt ist die Zeit erfüllt (Mk 1,5)*. Und beim Abschied von den Jüngern stellt er *eine kleine Weile* in Aussicht, bis sie ihn wiedersehen. Und dann ist *End-Zeit*.

Wir erleben die Zeit so, wie wir mit ihr umgehen. Wenn man sie vertut, wird sie zur verlorenen Zeit. Man kann etwas mit ihr machen. Man soll sie gestalten. Je nachdem wird sie zur gestalteten Zeit.

2. Das beginnt mit der Einsicht, dass Zeit nicht unbegrenzt verfügbar ist. Dem Nachdenklichen sagt das schon der gesunde Menschenverstand. Er lebt nicht in den Tag hinein. Zeit ist kostbar für ihn. Sie kann Zeit zum Säen und zum Ernten sein, zum Arbeiten und zum Ruhen, zum rechten Leben. Der Grieche nennt die Chance der Zeit „kairós", günstige Zeit, geschenkten Augenblick. Im Unterschied dazu heißt die messbare Zeit „chrónos". Nach dem tiefsinnigen Mythos frisst „Chrónos" seine Kinder. „Chrónos" vertilgt sich selbst. Auch „Kairós" geht vorbei, aber anders als „Chrónos" ist er nicht durch und durch vergänglich. In ihm kann Bleibendes gestiftet werden.

Bleibend ist nicht das, was jedermann in die Augen fällt. Bleibend ist die gute Tat, auch wenn sie keiner sieht. Da geht es nicht um den eigenen Nutzen, nicht um Effekt und Effizienz, da wird Leben geboren und sogar verschwendet.

Ein schönes Beispiel dafür bietet Jean Giono mit seiner Kurzgeschichte „Der Mann mit den Bäumen".[27] Ein Hirt pflanzt Eicheln. Es geht ihm nicht um Anerkennung oder Dank. Er tut seine Arbeit, einfach so, Tag für Tag, allein mit seiner

---

27 Jean Giono, Der Mann mit den Bäumen, Zürich 1981.

Herde auf einem der verkarsteten Hochplateaus Frankreichs. Vom Ersten wie vom Zweiten Weltkrieg bekommt er nichts mit. Aber seine Saat geht auf, zu zehn Prozent etwa. Wälder von jungen Eichen und Buchen verwandeln nach Jahren den wüsten Karst in eine blühende Landschaft. Quellen sprudeln, Leben erblüht.

Von Gionos Hirten kann man sagen, dass er Bleibendes in der Zeit schafft. Er hat aufgehört, sich um das Vergänglichste von allem zu mühen, um Erfolg und Anerkennung, um das, was „mir etwas bringt". Sein Tun sei *von beispiellosem Edelmut* gewesen, vermerkt der Berichterstatter, der ihn während vieler Jahre beobachten konnte. Er habe Frieden um sich verbreitet und eine Heiterkeit des Herzens, gepaart mit einer schier feierlichen Gesundheit. Nur eines sei ihm wichtig gewesen: das Gedeihen der Saat. Ihr zuliebe habe er auf Bequemlichkeit und normales Leben verzichtet. So konnte er in der ihm geschenkten Zeit Bleibendes stiften: aufblühendes Leben als Voraussetzung für friedliche Dorfgemeinschaften und als Verheißung einer kommenden Welt.

In unserer gehetzten Gesellschaft ist eine so stille und dazu wahre Geschichte nur scheinbar ein Fremdkörper. Wer genauer hinhört, kann auch anderswo etwas wie Sehnsucht nach einer fruchtbaren Zeit entdecken. Fern vom üblichen Leerlauf gibt es ein Grundbedürfnis nach Entschleunigung, nach Ruhe und Besinnung, nach Einklang mit sich und mit der Natur.

Philipp Gröning mit seinem Film „Klang der Stille" kann darauf aufmerksam machen. In einem Interview berichtet er, dass er sich zwanzig Jahre lang um die Drehgenehmigung bemüht habe. In dieser Zeit des Wartens habe es einschneidende Wendepunkte in seinem Leben gegeben. Als er schließlich filmen durfte, ging es ihm nicht mehr um eine spannende Story, nicht um bestimmte Details, letztlich nicht einmal mehr um den Film. Es ging ihm, wie er sich ausdrückt, um eine *Abbildung des Absoluten.*

Vermutlich hatte er in der Zwischenzeit einen Prozess der Askese durchzumachen. Anders wäre er nicht so hellhörig geworden für das Geheimnis dieser französischen Kartäusermönche. Offenbar hatte er das Kloster erfahren als einen Ort vor und für Gott.

Zum Hauptmedium wurde ihm dabei die Zeit. Ohne Kommentar, ohne Hintergrundmusik, mit sparsamen Bildern des Klosterlebens und der grandiosen Landschaft, dazu mit eingeblendeten Schriftworten „spricht" dieser Film. Das war so nur in einem schweigenden Kloster möglich. Nur da ist das Leben geordnet und strukturiert durch eine ausschließlich vom Gebet bestimmten Zeit. Da gewinnt Zeit eine andere Qualität; Ewigkeitswert. Der Film sollte nicht berichten, er sollte einüben in einen vergleichbaren Zustand. Er sollte diese besondere Stille vermitteln. Die Zahl der Zuschauer war erstaunlich hoch.

Für Stille ist von großer Bedeutung der Raum. Gröning wollte einen Raum eröffnen, in dem der Zuschauer Momente reiner Gegenwart erleben kann. So werden ganz stille Szenen geboten: nur ein wenig Obst auf dem Tisch, nur ein Mönch auf seinem Betstuhl, nur ein lauschendes Gesicht. Man sollte erfahren können, dass solche Momente möglich sind und auch ertragen werden. Es stellte sich heraus, dass sie darüber hinaus Geborgenheit vermittelten. *Und das ist etwas, glaube ich, was den Zuschauer sehr glücklich macht, wenn ihm ein so reines Gegenüber widerfährt.* Zuerst wollte Gröning, wie er sagte, *tolle* Bilder machen. Aber dann hat er begriffen: je einfacher, desto besser. Und er hat verstanden: *Gott und die Zeit, das hat viel miteinander zu tun.* Eine entscheidende Erkenntnis. Ihr Preis wird nicht verschwiegen: *Mönch wird man nicht von heute auf morgen. Nach zehn Jahren fängt das an, seine Wirkung zu entfalten, und nach fünfundzwanzig Jahren kommt diese irre Ruhe, die die Alten haben. Was sind da vier Monate.*

Dem Film gelingt es, jenseits von Hetze und Gier einen zeitlosen Horizont zu eröffnen. Er lässt etwas ahnen von dem, was auf unserer alten Küchenuhr daheim stand: *So wird die Zeit zur Ewigkeit.* Zeit strebt von sich aus hin zum „Absoluten", das Grönings Film im Mönchsleben abzubilden sucht. Askese geschieht im Schweigen, im Reduzieren der viel zu vielen Eindrücke und Ablenkungen im Alltagsleben. Asketisch ist nicht zuletzt die entschiedene Konzentration auf Gott.

Offenbar gibt es ein Bedürfnis im heutigen Menschen, das davon angesprochen wird. Ein Bedürfnis nach so etwas wie dem Heiligen. Sammlung sagt nur zum Teil, was gemeint ist. Im ständigen Jagen nach Effizienz und Leistung bleibt eine Leere, sie wächst unaufhörlich. Man sucht lohnendere Lebensmodelle. Vielleicht ist es das.

3. Im allgemeinen geht man heute sehr anders um mit der Zeit. Wo nichts getan wird, geschieht auch nichts. Und alles muss möglichst schnell geschehen. „Ich habe keine Zeit", ist die normale Reaktion. Zeit hat für gewöhnlich nur einer, der zu nichts taugt. Außer er ist krank oder arbeitslos. Oder will er sich etwa drücken?

Wer Arbeit hat, vor allem, wenn die Arbeit ihn hat, der kommt leicht in Gefahr, mit seiner Zeit zu geizen. Wo bleibt da die Familie, die Ehe? Wann und in welcher Stimmung sehen die Kinder den Vater oder auch die Mutter nach einem harten Arbeitstag? Gibt es überhaupt noch Zeit füreinander, freie Zeit ohne Zwänge und ohne Programm? Dringend ist hier Askese gefragt. Wobei sie nicht nur von denen geübt werden müsste, die arbeiten, sondern auch von denen, die Arbeit auferlegen, oft genug als Übersoll bis hin zur gnadenlosen Überforderung aller Beteiligten.

Es gibt aber auch das entgegengeschleuderte „Ich habe keine Zeit!" Das kann natürlich so sein. Das Taxi wartet vor der Tür. Oder das Examen übermorgen lässt keinen Spielraum mehr. Oder auch, ganz anders und unwiderlegbar: „Ich habe nicht mehr viel Zeit", nach Auskunft des Arztes. Aber da ist eben auch die unwillige Abweisung: „Lass mich in Ruhe, ich habe jetzt keine Zeit!" Viele haben es schon bereut, wenn sie einen mit diesem Satz vor den Kopf gestoßen haben. Wenn auch selten so tiefgehend wie bei Martin Buber, der einem jungen Menschen keinen Gesprächstermin geben konnte und sich dann ein Leben lang mitschuldig fühlte am Selbstmord des Abgewiesenen.

Wer dagegen, vielleicht selbst in Zeitnot, zu einem sagt: „Doch, für dich habe ich Zeit", der macht damit ein kostbares Geschenk. Bei Licht besehen, hat er tatsächlich nicht mehr Zeit als der Arbeitswütige. Aber er widmet gleichsam das Geschenk Zeit um. Auch ihm ist die Zeit ja geschenkt. Indem ich sie weiterschenke, mache ich mich frei vom Zwang der knappen Zeit, vom Zeitdruck. Mancher hat schon erfahren, wie eine halbe Stunde, die man für einen anderen ausspart, hinterher fruchtbar wird. Es fällt ihm etwas ein, er spürt frische Kraft, er geht anders wieder an seine Arbeit zurück.

Zeit haben für einen anderen, obwohl man selbst kaum durchkommt, ist ein Stück echter Askese. Man verzichtet dann auf rechnerische Gewissheiten, man tut nicht so, als sei man Herr seiner Zeit. Im Weiterschenken besinnt man sich darauf, dass sie ihrerseits geschenkt ist. Man lässt sich in diesem asketischen Umgang mit der Zeit zum rechten Maß befreien, das als Verheißung über jeder Askese steht.

Auf der anderen Seite gibt es heutzutage eine verbreitete Zeitverschwendung. Da heißt es dann: *„Ich* habe Zeit", Ich schon. Ich tue so, als gehörte sie mir. Also schlage ich sie tot. Sitze stundenlang am Fernseher. Oder langweile mich. Ich bin ein Lebe-und Genussmensch. Ich kann mit meiner Zeit machen, was ich will, mit der Viertelstunde ebenso wie mit meinem ganzen Leben. Im Grund verhalte ich mich dann wie der reiche Bauer im Evangelium, der Scheunen baut, um die aufgehäufte Ernte zu horten und endlos zu genießen. Und Gott sagt zu ihm: *Du Narr! Noch in dieser Nacht wird man deine Seele von dir fordern* (Lk 12,20). Aber uns Menschen steht die Zeit nicht zur beliebigen Verfügung. Nicht der heutige Tag, nicht das Leben insgesamt. Wir müssen unsere Zeit verantworten, wir müssen Rechenschaft über sie geben. Die Rechenschaft kann nur einer verlangen: ihr einziger Herr.

Also haben wir Menschen in Wirklichkeit keine Zeit. Deutlicher als die Uhr mit dem Zifferblatt zeigt das die Sanduhr. Wie der Sand verrinnt die Zeit, unaufhaltsam. Sie geht zu Ende, wir wissen nur nicht genau, wann. Sich der verrinnenden Zeit bewusst werden, ist ebenfalls Askese.

4. Ziehe ich Konsequenzen daraus? Und wenn ja: welche?

Sei nicht so flüchtig, jede Stunde ist wichtig, das war der andere Spruch auf unserer Küchenuhr. Ich habe ihn nicht vergessen. Demnach soll man behutsam und sogar vorsichtig umgehen mit seiner Zeit. Wie mit einem kostbaren und zerbrechlichen Gefäß. Und dankbar soll man für sie sein und sie ausnützen, so gut man kann. Hier hat das „Lob der Langsamkeit" seinen Platz. Man lernt sie wieder schätzen. Der Dichter Horaz wusste noch etwas vom Wert der Zeit. In einer seiner Oden gibt er seiner Adressatin (Leukonoe) den Rat:

Carpe diem, quam minimum
credula postero.

Genieße (pflücke) den Tag, und verlass dich so wenig
wie möglich auf den folgenden.[28]

Der Rat gehört noch nicht zum alten Eisen. Auch dies kann man asketische Zeitgestaltung nennen. Da lässt man sich nicht versklaven von den Bedingtheiten. Man setzt sich ab vom Üblichen. Man lässt sich nicht vereinnahmen vom Zeitgeist.

Auch in unserer Leistungsgesellschaft habe ich die Wahl, so oder so umzugehen mit der Zeit. Dieser Gesellschaft droht Würdelosigkeit, wo sie keine Freiräume mehr lässt. Und wenn ihr andererseits die Arbeit auszugehen droht, stopft sie, die es verlernt hat, sich sinnvoll zu beschäftigen, allen Müll der Arbeitswelt in die leere Hülle der Zeit – man muss nicht weit gehen, wenn man das Ergebnis besichtigen will.

Wieso kann ich mir nicht einen Nachmittag nehmen, um einen alten Herrn im Seniorenheim zu besuchen? Ich mache

---

28 Quintus Horatius Flaccus, Ode I, 11.

ihm Freude und gehe selbst zufriedener wieder heim. Auch so kann Zeit-Askese aussehen. Es kann auch nach abgeschlossenem Studium und mit Auszeichnung benoteter Promotion dazu kommen, dass eine noch junge Frau Krankenpflege lernt und in die Sterbebegleitung geht, und sie wird glücklich dabei. Die Leute sagen dann: Sie opfert sich. Aber das „Opfer" tut ihr nicht weh, sondern macht sie zufrieden. Oder man „nimmt sich" die Zeit (wie genau ist die deutsche Sprache!) für eine Studienfahrt nach Florenz. Man lässt die „Werkstatt" hinter sich und öffnet sich für die Schönheit der italienischen Renaissance. Und man atmet durch, wie schon lange nicht mehr, vergisst die Zeit und kehrt wie neugeboren in seinen Alltag zurück. Hier wirkt sich das Strukturelement „Offenheit" aus, zum Segen für den inneren Menschen und als Wohltat für seine Mitwelt.

Nach wie vor exemplarisch bleibt die Zeitgestaltung, wie sie die alte Benediktsregel vorsieht. Eine ihrer vordringlichsten Mahnungen ist es, keine Zeit zu verlieren. Die Tage des Lebens sind uns ja als *Frist* gewährt, als eine Art *Waffenstillstand (indutiae)*, um zu Gott umzukehren. So meint es schon Paulus, der darauf hinweist, dass die Zeit *kurz* ist (vgl. 1 Kor 7,29). Dahinter steht das Bewusstsein des nahenden Endes: des persönlichen Todes, aber auch des endgültigen Endes, wenn der Herr kommt.

Kein Dahintrödeln ist also erlaubt. Die Mönche sollen „laufen", heißt es an vielen Stellen. Eben weil keine Zeit zu verlieren ist. Und doch keine Hektik, kein Stress. Alles soll *cum gravitate* geschehen, *mit Würde und Ernst*. Man fühlt sich an den Tagesbefehl eines britischen Generals erinnert: *Nur keine Eile! Wir haben keine Zeit zu verlieren.* Das ist kein Widerspruch. Jedenfalls dort nicht, wo die Zeit gestaltet, also der Vernunft untergeordnet ist.

Geordnet soll die klösterliche Gemeinschaft und jeder in ihr leben, in einer verantwortlichen Nutzung der Zeit, im Einklang auch mit den kosmischen Gezeiten. Jahreszeiten, Tageszeiten strukturieren das monastische Leben. Auch die Phasen der menschlichen Lebenszeit werden berücksichtigt. Jugend und Alter sollen als unterschiedliche Zeiten beachtet werden und so der Reifung des Menschen dienen.[29]

5. Benedikts Regel verweist aber auch auf die ganz andere Zeit. Der Mönch ist dem Wettkämpfer gleich, den Paulus im 1. Korintherbrief anführt als Beispiel für christliches Leben überhaupt. Christen laufen um die Zeit, damit sie den Kranz gewinnen. Um welche Zeit? Zweifellos um die „Menschen-Zeit", die man mit Heinrich Schlier *Jetztzeit* nennen kann. In sie ist aber die ganz andere Zeit schon hineingewoben. Letztlich um ihretwillen läuft der Wettkämpfer, sie ist sein innerster Impuls. Im Neuen Testament heißt sie die *erfüllte Zeit*. Erfüllt im Blick auf die prophetischen Verheißungen und ihre Bestätigung durch Jesus Christus, im anbrechenden Reich Gottes. *Erfüllt* aber auch, weil Gott sie mit sich selbst erfüllt.

Nach Markus 1,15 beginnt Jesus sein öffentliches Wirken mit eben diesen Worten: *Die Zeit ist erfüllt* und *Das Gottesreich bricht an.* In ihm, dem Menschgewordenen, ist die *erfüllte* Zeit gekommen, die Zeit der Umkehr und des Heils. In ihm ist die „Zeit" Gottes da, die keine Zeit mehr ist. Nicht nur, weil mit ihr die Zeit der Menschen endet. Sondern weil ihr gegenüber das eigenmächtige Verfügen des Menschen über die Zeit an ihre absolute Grenze stößt. Nun muss er sich verfügen lassen. Er muss diese andere „Zeit" annehmen.

---

29 Vgl. zum ganzen Zusammenhang Pius Engelbert, Die Zeit in der Regel des heiligen Benedikt, in: Denken im Raum des Heiligen. Festschrift für Ansgar Paus, St. Ottilien 2007, 215-229.

Wenn er sie ablehnt oder leugnet, wird sie ihm zum Gericht. Wenn er sie bejaht, kann er sie mitgestalten. Wie Maria mit ihrem „fiat" die Weltgeschichte umwandeln half zur Heilsgeschichte.

Diese andere „Zeit" unterscheidet sich von aller Menschen-Zeit nicht nur insofern, als sich etwas in ihr geändert hat. Sondern sie selbst ist eine andere. Sie verdankt sich dem *Entschiedenhaben* Gottes (H. Schlier). Seine Präsenz ereignet sich in ihr. Sie ist nicht Produkt von Evolutionen, sie ist das „Jetzt" des Ewigen. Sie ist es in der Person Jesu Christi.

In ihm, an den sie gebunden ist, in dem Gottes Reich unverwechselbar wird, flammt die ewige Herrlichkeit auf, wie auf dem Tabor (Mk 9, 2-8ff.), wie in der *Stunde* der „Erschütterung" Jesu und des Gerichts über die Welt (Joh 12,12), in der mit der Stimme vom Himmel der Sohn *jetzt* verherrlicht wird. In ihm, den bei der österlichen Begegnung am Grab Maria nicht festhalten darf, denn *ich bin noch nicht zu meinem Vater aufgestiegen* (Joh 20,17), ereignet sich noch einmal anders die *Stunde* menschlicher Überwältigung durch Gott. Seine „Eigenzeit" dringt ein in die menschliche Zeit, setzt ihr ein anderes Vorzeichen und ist zugleich jenseits von ihr. Sie ist nicht mehr zu messen, nicht zu halten und dennoch wahrhaftig da.

6. Eine Verszeile von Rainer Maria Rilke erinnert von fern an eine solche Erfahrung. Unter der Überschrift *Wunderliches Wort: die Zeit vertreiben* heißt es am Schluss:

Ach, in meinem wilden Herzen nächtigt
obdachlos die Unvergänglichkeit.[30]

---

30 Rainer Maria Rilke, Ausgewählte Gedichte, Frankfurt am Main 1966, 92.

Da klingt menschliche Zerrissenheit an, menschliches Aus-
gespanntsein zwischen dem, was dem Menschen als einem
zeithabenden Wesen (B.Casper) vertraut ist, und der anklopfenden *Unvergänglichkeit.* Sie will in diesem *wilden Herzen*
nächtigen und bleibt dennoch *obdachlos.* Wie könnte es auch
anders sein bei einem Nachtquartier wie diesem! Erst da wird
dem *wilden Herzen* seine Zerrissenheit voll bewusst. Wie
sollte es sich dann vertragen mit der *Unvergänglichkeit!*

Vielleicht ergeht es ihm so, wie ein anderer Rilke-Vers es
andeutet:

Wir stehn und stemmen uns an unsre Grenzen
und reißen ein Unkenntliches herein.

Irgendwann wird sich in jedem Leben solche *Unkenntlichkeit* bemerkbar machen und, wenn sie hereingerissen wird,
sich zu erkennen geben als *die Unvergänglichkeit.* Das kann
mitten im gewohnten „Jetzt" geschehen oder auch im endgültig scheinenden „Vorbei".

Und damit wird der Kampf unvermeidlich. Zur Zeitgestaltung gehört ja, dass man sich die Überwältigung durch Gott
geschehen lässt. Gott überwältigt aber nicht, indem er die
menschliche Freiheit ausschaltet. So kann sich der zeitge-
bundene Mensch wehren. Bis er die göttliche Überwältigung
akzeptiert, muss er ringen um das Ja.

Überall dort, wo das Ewige in der Zeitlichkeit aufleuchtet,
wird die leib-geistige Befindlichkeit des Menschen zur aus-
gespannten und oft schmerzlichen Erwartung. Nie kann
man auf Erden Gottes Präsenz pur erfahren. Da bleibt die
Menschen-Zeit tonangebend. Gottes „Zeit" muss eingeübt
werden in glaubender Hoffnung.

Das geschieht in den „heiligen Zeiten" des Kirchenjahres. Oder in der „heiligen Handlung" der Liturgie, besonders in der eucharistischen Feier. Oder auch in der Zeit, die man sich für das Beten nimmt. Menschliche Zerrissenheit kann sich da sammeln auf Gottes Mysterium in Christus, auf die Ankunft des Ewigen im Heilsgeschehen von Kreuz und Auferstehung des Erlösers. Wort und Ritus setzen das entscheidende Ereignis gegenwärtig, es bleibt nicht in der *Unkenntlichkeit.* Gottes *Jetzt* wird dargestellt von der feiernden Gemeinde, das gott-menschliche Drama findet statt im Zeit-Raum der Liturgie. Das existentielle Ringen des Menschen wird zum Glaubenskampf.

Das Zweite Vatikanische Konzil hat den aktiven Part des Menschen an der Gestaltung von Zeit und Welt (actio) legitimiert und sie unterstrichen gegenüber einer stärkeren Betonung der Passivität (contemplatio) in zurückliegenden Jahrhunderten. Seitdem hat man klarer erkannt, dass nicht nur Vergängliches wird durch die Zeit, sondern Endgültiges in ihr werden kann. Und zwar nicht beschränkt auf die „heiligen" Zeiten. Mit Karl Rahner entdeckt man im „kairós" die Möglichkeit einer Freiheit, das Endgültige zu tun. Den „kairós" gibt es aber auch im Alltäglichen. Auch da wird Zeit angeboten als eine Weise, in der die Kreatur teil haben kann an Gottes Ewigkeit.

So kann der Mensch auf dem Weg der schwankenden und fließenden Zeit zu seiner Zeitgestaltung gelangen. So nimmt er teil an Gottes Endgültigkeit, eine Ahnung von Gottes Ewigkeit bricht in sein Leben ein.

Weil aber das Zeithaben zu seinem Wesen gehört, kann er das Ewige nicht annehmen ohne Askese.

Zeit-Askese spielt sich nur im Zwischenzeitlichen ab. Niemand und nichts kann dispensieren von der Verpflichtung geschichtlicher Zeitgestaltung. Am wenigstens kann es christliche „Gelassenheit". Der im Mittelalter viel gelesene Wilhelm von Auvergne stellt die Frage, ob einer, der nur das ewige Leben anstrebt, gut oder gerecht zu nennen sei. Seiner Antwort, ein solcher sei *offensichtlich ungerecht*, wird heute keiner, auch kein Christ so leicht widersprechen.

7. Wie der „zeithabende" Mensch umgehen soll mit Gottes „Augenblick" in der Zeit, hat Jesus vorgemacht. An ihm lässt sich ablesen, was asketisch gestaltete Zeit heißt.

Jesus hat seine Zeit hergegeben – ein erster Schritt der Askese. Er hat die Zeit des Menschen übernommen – ein zweiter Schritt. Und er hat in Freiheit sich Gottes „Jetzt" in der Zeit überlassen und anheim gegeben – der dritte, entscheidende Schritt. So wurden wir erlöst. So hat der Menschensohn Gottes „Jetzt-Zeit" in der Alltäglichkeit eröffnet. Sie ist über der Welt aufgegangen im einmaligen und endgültigen „Augenblick" seines Erhöhtwerdens (vgl. Joh 12,32).

Seitdem hat die Zeit-Askese ihr Ziel erreicht. In der unwiderruflichen Vollendung seiner Freiheit zieht der für uns „Erhöhte" alle an sich. Alle, heißt das, die in der Undurchsichtigkeit ihres Lebens nach dem Guten verlangen. Alle, die aus eigener Kraft nicht frei kommen aus dem Gefängnis ihrer Zeitlichkeit. Alle, die sich dem An-sich-Ziehen Jesu nicht bewusst widersetzen. Sie alle befähigt er zur Antwort auf Gottes Entscheidung im Mitvollzug seiner Zeitgestaltung.

8. Wie ändert sich da konkret ein Menschenleben? Zuerst braucht es den Verzicht auf die eigene Zeit. Das bedeutet Loslassen der scheinbaren Sicherheit, die sich festmachen

will an tausend Versicherungen und Verfügungen. Die Garantien für Gesundheit und möglichst leichtes Sterben werden fragwürdig. Man verlässt sich nicht mehr absolut auf die unkündbare Arbeitsstelle oder auf die „für ewig" versprochene Freundschaft. Nicht dass man leichtsinnig ins Blaue hinein lebt! Nicht dass man alles dem Zufall überlässt. Man hält Planen nicht von vornherein für sinnlos. Man hört nicht auf, sich zu engagieren. Wer die rechte Zeit-Askese übt, tut weiter, was Auftrag und Verantwortung ihm abverlangen, er bringt sich ein in seinen Tag und in die gewährte Zeit, er weiß sich hier und jetzt in die Pflicht genommen. Er weiß es mehr als zuvor, als er noch nicht dem nachfolgen wollte, der die Welt zu ihrem Heil geliebt und gerettet hat.

Aber er tut das alles gelassen, wie einer, der nicht hinwegträumt darüber, dass *das Schema dieser Welt vergeht* (1 Kor 7,31). Er kann und darf lächeln über die Hundertfünfzigprozentigen. Er kann sich freuen über das Geschenk jedes Tages, er muss sich nicht angstvoll klammern an die allzu flüchtige Zeit. Und auch die Demut dessen, dem es genug ist, Werkzeug zu sein, wächst ihm „mit der Zeit" zu. Nicht er muss fertig bringen, worauf es ankommt. Askese als Verzicht auf die eigene Zeit macht innerlich frei, man lebt ja schon in Gottes *Augenblick*, hier und jetzt.

Oft geschieht da Askese unbemerkt, in einem schlichten Handgriff, in einer unauffälligen Aufmerksamkeit. Auch können die eigenen Pläne schon einmal oder sogar gründlich durchkreuzt werden. Sorgfältig durchdachte Programme werden vielleicht Makulatur. Man lässt es geschehen, man hält es nicht einmal für Zeitverlust.

Asketisch gestaltete Zeit ist auch dort, wo ich darauf verzichte, in meiner Zeit mich selbst zu entwerfen. Vielleicht muss ich ganz fahren lassen, was ich haben oder worüber ich verfügen möchte. Das kann in tausend alltäglichen Dingen sein, es kann aber auch den Lebensentwurf als ganzen fordern. Immer ist es der Schritt und die Entscheidung zu einer Befreiung, zu einem wesentlichen Armwerden, ein Schritt auf das hin, was Maß sein kann in aller Vermessenheit.

Im Innersten kann dann ein Verlangen erwachen, das, anders als Gier und Begehrlichkeit, nicht wie „Chrónos" sich selbst verschlingt. Ein Verlangen wird tonangebend, *das schweigend sich ausreckt* (Simone Weil), sich hinwendet zum Unverfügbaren, sich im Absehen von der Menschen-Zeit ausspannt, hin auf das ganz Andere. Und so, als Haltung der Aufmerksamkeit eingeübt, kann es zu jenem Warten sich entfalten, das Simone Weil erfahren hat als das, *was die Zeit in Ewigkeit verwandelt.*[31]

Wo das geschieht, wird Warten zur Freude, nicht obwohl, sondern weil ich mir hier nichts eigenmächtig vorwegnehmen kann. Ich muss mir die Verwandlung schenken lassen. Mein Warten geht nicht ins Leere wie Becketts „Warten auf Godot", es antwortet auf einen Ruf. Mit meiner Zeit stelle ich mich dem Rufenden zur Verfügung.

9. Spätestens hier, auf der Schwelle zur *erfüllten* Zeit Gottes, wird gestaltete Zeit zur Glaubensaskese. Von ihr heißt es im Hebräerbrief (11,1): *Glaube ist Feststehen in dem, was man erhofft, ist Überzeugtsein von Dingen, die man nicht sieht.*

Glaubensaskese ist die Grundaskese des Menschen, gerade wenn man ihn als „zeithabendes" Wesen begreift. Um so

---

31 Simone Weil, Zeugnis für das Gute. Traktate – Briefe – Aufzeichnungen. Übersetzt und herausgegeben von Friedhelm Kempf, Freiburg 1976, 232.

mehr gilt das für den Christen. Denn der Christ lässt sich mit seiner Eigenzeit bewusst ein auf das Mysterium des Gekreuzigt-Erhöhten in der *Jetztzeit* Gottes. Zwar hängt auch er mit allen Fasern an seiner vom Tod begrenzten Zeit. Wie sehr, zeigt seine Angst. Aber er verlässt sich auf Gottes *Jetzt*. Nie wird er das Mysterium des Lebens ergründen, das aus dem Tod geboren wird. Er glaubt daran. Und indem er darauf verzichtet, aus Eigenem zu begreifen, sagt er Ja zu Gottes Unergründbarkeit. Er gibt sich samt aller ihm möglichen Erklärungen aus der Hand und wirft sich in Gottes Ozean. Mehr noch: Er will, dass seine Zeit beendet wird vom Gekreuzigten, von seiner Ärgerlichkeit, von seiner erschütternden Torheit. Denn nun will er nur eines: Christus und seine Liebe. Sie soll ihn ergreifen, der nichts mehr begreift.

Darin besteht die Askese seiner Zeitgestaltung im Glauben. In ihr sucht er existentiell einzuholen, was im Sakrament der Taufe und in der Eucharistie mit ihm geschehen ist. Christus *eingepflanzt* im *Gleichbild* seines Todes und seiner Auferstehung (Röm 6,3), hofft er seiner Vollendung entgegen als „neuer Mensch". Dahin geht sein Warten, dieses Warten, das die Zeit in Ewigkeit verwandelt. Und indem er *seine sterbliche Zeit annimmt und sie in vorbehaltlosem Harren der ganz anderen (...) Zeit zur Verfügung stellt*[32], findet er die Antwort, die allein dem *Entschiedenhaben* Gottes für den Menschen und seine Zeit entspricht.

---

32 Bernhard Casper, Warten auf das Unverfügbare. Die Frömmigkeit der Simone Weil, in: Mut zur Tugend. Von der Fähigkeit, menschlicher zu leben, herausgegeben von Karl Rahner und Bernhard Welte, Freiburg 1979, 160.

3. DER BEREITETE LEIB

1. *Deine Hände haben mich gemacht und gebildet: gib mir Einsicht, damit ich Deine Weisungen lerne.* So betet der Psalmist (Ps 119,73). Und so sieht sich der Mensch, wenn er vor Gott steht. Er sieht sich, geformt aus Erde und mit Gottes Lebensodem in der Nase: *So wurde der Mensch ein lebendiges Wesen* (Gen 2,7).

Vor Gott hat nur die eine Bitte Bestand: Gib mir Einsicht. Nicht Klarheit und Lösung in der Problematik von Evolution und Schöpfung. Nicht Erkenntnis, wie dieses oder jenes Problem zu lösen wäre. Nicht Zuwachs an Lebenserfahrung und Sinnklärung. Nur Einsicht, die befähigt, *Deine Weisungen zu lernen.* Denn als Gottes Geschöpf will der Mensch Gottes Wege gehen. Er will seinem Ursprung gehorchen. Er will seine Wahrheit vollbringen. Er will vor Gott und von Gott her auf ihn zu das Gesetz seines Daseins lernen. Mit anderen Worten: Er will mit Leib und Seele Mensch werden.

Demgegenüber ist kaum etwas Verhängnisvolleres denkbar als die Gleichsetzung von Leib – Körper – Materie – Welt mit Sünde. Da ist das Wort vom Schöpfungsmorgen in Vergessenheit geraten, dass Gott alles, was Er gemacht hatte, sah, *und es war sehr gut* (Gen 1,31). Ausdrücklich gehört dazu der zwei-eine Mensch. Gut geheißen sind Leib und Seele in Einheit, sind Mann und Frau für einander. Haydns Oratorium macht den Jubel über die gute Schöpfung zu einem unvergleichlichen Fest.

Den geglückten Menschen gibt es nur im Leib. Aber auch das Scheitern gibt es nicht ohne den Leib. Der Leib ist schön, und er ist gefährdet. Er ist ein bis heute nicht entschlüsseltes Rätsel. Und er ist hohe Aufgabe.

Der Mensch „hat" ihn nicht nur, er soll sein Leib „sein". Also soll er nicht nur „Herr im eigenen Leib" werden, sondern er soll sich als leiblich erfahren und bejahen. Mit allen Fasern soll er spüren, dass er nur im Leib voll existiert. Nur im Leib ist er ganz. Daher nimmt die Hoffnung auf eine Auferstehung auch des „Fleisches" zusammen mit der ganzen Schöpfung die Erlösung des Leibes ernst: Auch er ist vollendbar – in der Teilhabe am leibhaftig auferstandenen Christus.

Der Mensch kann grundsätzlich verfügen über seinen Leib. Nicht unbeschränkt, aber in freier Entscheidung. Er kann und er muss sich leib-seelisch verhalten: zu seinem Leib, zu anderen Menschen, zu allen Geschöpfen. Und auch den Ereignissen begegnet er so oder so, er hat Verantwortung für seine Geschichte im Kleinen wie im Großen. Wie findet er das rechte Verhalten?

Nicht von selbst. Der Mensch braucht Hilfe. Der gute Ursprung ist gestört. Es gibt das Böse in der Schöpfung. Nicht zuletzt durch seinen Leib stößt der Mensch darauf. Schmerzen und Krankheit erleidet der Leib. Versuchungen machen sich fest am Leib. Hunger und Durst, Gier und Neid, Eifersucht und Aggression, Angst und Eitelkeit, alles das zieht den Leib in Mitleidenschaft. Die Gleichsetzung von Leib (Körper) – Materie – Welt mit Sünde, so verhängnisvoll sie ist, liegt nahe. Die Wahrnehmung des Bösen und also der Sünde verdüstert aber leicht den Blick auf Gottes gute Schöpfung und damit auch auf den Leib.

Hilfe zum rechten Verhalten beginnt im Leiblichen. Nicht durch Ablehnung oder Geringschätzung. Aber durch Distanz. Wie notwendig sie ist, zeigt die Weltgeschichte ebenso wie das eigene Leben. Distanz ist Kultur. Was da geschehen muss, nennt der Lateiner: *erudire*. Wörtlich übersetzt: *herausbilden aus dem Rohzustand (der Natur)*. Bildung und Erziehung kultivieren. Und auf ihre Weise tut es die Askese.

2. Was meint hier Askese? Zuerst, dass am Leib gearbeitet werden muss. Nicht so, wie Büßer ihren Leib traktieren. Im Nein zu allem von Alkohol und Heroin Verwüsteten. Asketen findet man nicht bei den Verwahrlosten. Ich suche sie bei den Umkehrenden, den Zurückkehrenden.

Denn ursprünglich ist der Leib des Menschen schön. Schön wie der Kosmos. Wie alles, was gepflegt ist. Kosmos ist das, was gepflegt ist, *das Geordnete*. Dazu verhilft Askese. Schön macht ja nicht schon Hygiene oder Kosmetik. Auch nicht die Garderobe. Zur Askese braucht es Erziehung, *eruditio*. Eine Erziehung, die nicht nur den Leib formt. Erziehung lässt im „geordneten" Leib Haltungen entstehen: Disziplin und Selbstkontrolle, Höflichkeit und Anstand, eine Kultur der Gelassenheit – die Alten nannten sie *apátheia* –, gepaart mit der Fähigkeit, zu bewundern und zu lieben bei klarem Urteil, das auch ablehnen kann. Erziehung ist Bildung, die Leib und Geist umfasst. Sie trainiert nicht nur im Äußeren. Sie formt mit der Kraft des Inneren den Leib. Sie ist eine Schwester der Askese.

Und so macht sie auch schön. Thomas von Aquin nennt das Schöne *Glanz der Ordnung*. Kultivierung ordnet zum Schönen hin. Und Askese ordnet das Leibliche dem Geistigen zu. Nicht ohne Grund *glüht*, *glänzt*, *blendet* und *flimmert* Rilkes *Archäischer Torso Apollos*, dieses Inbild von Gesetz und Wahrheit. Im Torso erscheint geordnete Schönheit. Auch in

Kafkas Türhüterparabel bricht etwas wie Glanz *unverlöschlich aus der Tür des Gesetzes hervor*. Im Glanz tritt Ordnung in Erscheinung.

Die Ordnung, die dem Menschen vom Ursprung her eingeschaffen ist, macht ihn schön. Er muss sie bewahren, und er muss sie wieder erlangen. *Du musst dein Leben ändern*, hört der Dichter vor dem Torso des Lichtgottes. Askese ist die Mühe, die das kostet, zugleich aber auch die Freude, die sich vom Ursprung her bereits dem Sich-Mühenden mitteilt. Wo einer sich um die Ordnung müht, erfährt er irgendwann auch den *Glanz*.

Askese verwandelt, sie macht schön bis in die Leiblichkeit hinein. Anschaulich bezeugen es die *Weisungen der Väter*. Etwa heißt es von einem der großen ägyptischen Wüstenasketen des 3. Jahrhunderts n.Chr., vom Altvater Pambo: *Wie Moses das Bild der Herrlichkeit Adams erhielt, als sein Antlitz verklärt wurde (Ex 34,29), so leuchtete auch das Antlitz des Abbas Pambo wie ein Blitz, und er war wie ein König, der auf dem Thron sitzt*.[33] Askese der Ordnung macht schön, sie gibt Würde. Schönheit ist Zugabe der Askese.

Charles de Foucauld, der 1916 in seiner Eremitage im Hoggar ermordet wurde, kann das Angedeutete veranschaulichen. Aus dem Lebemann in einer beispiellos ausschweifenden Jugend, aus dem leidenschaftlichen Forscher in Algier und dem nach seiner Bekehrung fanatisch Suchenden, dem kein Trappistenkloster streng genug war und keine Knechtsarbeit zu demütigend, war der „kleine Bruder aller" gewor-

---

33 In: Weisung der Väter. Apophthegmata Patrum, auch Gerontikon oder Alphabeticum genannt (eingeleitet und übersetzt von Bonifaz Miller), Freiburg 1965, Nr. 773.

den. Man kennt sein Bild aus dieser letzten Zeit: Brennende Augen im abgehärmten, aber von innen her leuchtenden Gesicht, das von Gott gleichsam glüht und eben so die Menschen meint, alle Menschen, auch die jungen Rabauken, die ihn ahnungslos niederschießen.

3. Die Ordnung der Askese ist nicht starr. Sie hätte dann nichts Anziehendes. Der Mensch will sie aber. Er will die lebendige Ordnung. Sie geht zusammen mit *Offenheit*.

Ordnung der Askese lebt in der Beziehung und aus ihr. Dem Phänotyp der Ordnung, der Wüstenaskese, scheint gerade dies zu fehlen. Bei genauerem Hinschauen entdeckt man aber eine höchst intensive Lebendigkeit: die Hinwendung zum Anderen. Unter den Augen des großen Anderen spielt sich die Zurückgezogenheit ab, ohne Gottes Gegenwart wäre all das sinnlos. Aber diese Einsamen leben auch leibhaftig und sinnenhaft mit den Tieren, mit den Sternen, mit Wind und Sturm, mit Kräutern und Quellen. Und nicht zuletzt mit Menschen, die zu ihnen kommen in ihrer Ratlosigkeit, mit ihrem Elend, ihrer Verkommenheit auch und ihrem oft ganz versteckten Heimweh.

Auch hierzu haben die Weisungen der Wüstenväter etwas zu sagen. Sie bezeugen allenthalben, wie aufgeschlossen diese Lauren und Höhlen sind. Sie zeigen aber auch, wie Menschen und Tiere von ihrer Wildheit lassen, wie sie sich miteinander versöhnen und sich wieder vertragen. Nicht zuletzt berichten sie anschaulich, wie Dämonisches seine Macht verliert. Und auch die Asketen selbst verwandeln sich. Ihre Züge, ihre Strenge und Distanz werden durch Güte, Erbarmen und Nachsicht schön. Lächeln und Heiterkeit sind ihnen nicht fremd. Zuwendung prägt und belebt ihre Gebärden und Gesichter.

Um offen zu sein, hat der Mensch seine Augen, seine Ohren, seinen Spürsinn, seine Hände und alle Organe geschenkt bekommen. Offenheit ist nicht wahllos, sie ist durchaus unterscheidend und also geordnet, aber wohlwollend vom Ursprung her. Kultur ist geordnete Natur, die in der Beziehung entsteht. Sie lebt von der Spannung der Pole, sie verweigert sich nicht dem Widerspruch zwischen Ersehntem und Möglichem, sie öffnet sich ihm und hält ihn aus. Das macht sie leiden, zugleich lässt es sie wachsen und reif werden, am meisten unter dem Anspruch der Liebe. Und alles das spiegelt sich im Leib.

Wohl am deutlichsten bringt der betende Mensch offene Ordnung zum Ausdruck. Auf Gott hin wird sie bis in die Körperhaltung hinein unübersehbar. Die Psalmen mit ihrer Bildersprache können hier zur Entdeckung werden. Der Beter *erhebt die Augen*, er *erhebt die Hände*, er bekennt, dass Gott ihm *das Gehör geöffnet hat*, er *atmet* den Duft des Ewigen *ein*, er *geht* Gottes Wege und bittet, dass Gott *seine Schritte lenke*. Auf Gott hin geöffnet, kehrt er in die Ordnung der Gnade zurück, nach der er sich sehnt.

Und es gibt die „Zeichen" der Sakramente, sinnenhaft wie Brot und Wein, Wasser, Feuer und Öl, leibhaft wie die Gesten der Hände, die Gnade und Weihe vermitteln können, Zeichen voll von Wirklichkeit und verwandelnder Kraft.

Alles das prägt ordnend und öffnend den Leib. Den Leib des Einzelnen, den Leib aber auch der feiernden Gemeinschaft und darüber hinaus einer ganzen Gesellschaft. Ein eigenes Thema wäre das, für das hier nicht der Ort ist.[34]

---

34 Stellvertretend für viele Titel sei hier genannt: Friedrich Prinz, Askese und Kultur. Vor- und frühbenediktinisches Mönchtum an der Wiege Europas, München 1980. – Speziell unser Thema betreffend: Peter Brown, Die

4. Geordnete Offenheit gibt es nicht ohne Kampf. Und wieder ist es nicht zuletzt der Leib, in dem sich der Kampf abspielt. Wenn einer sich beherrscht, nenne ich sein Verhalten eher nicht „asketisch". Ich mag das Wort vielleicht nicht. Man assoziiert mit ihm leicht negativ Klingendes wie „abtöten", „kasteien", „zähmen". Wenn an einer Paulusstelle (1 Kor 9,27) *castigo* in manchen Ausgaben mit *zähmen* übersetzt wird, legt sich eine dualistische, leibfeindliche Sicht von Askese nahe. „Zähmung" des Leibes bedeutet Dressur. Dressieren muss ich einen verdächtigen, „fleischlichen", sündigen Körper. Dressur steht im Gegensatz zu Erziehung. Eher entspricht die Übersetzung mit *züchtigen* einer christlichen Askese: *Ich züchtige meinen Leib und weise ihm seinen Meister zu,* heißt es bei Paulus.

Ursprünglich zielt der asketische Kampf nicht auf den Teil, er geht aufs Ganze. Der ganze Mensch, mit Leib und Seele und Geist, muss eingeübt werden in geordnete Offenheit. Das gilt, entgegen verbreiteter Behauptung, auch für die Asketen der ersten Jahrhunderte. Nicht Hass auf den Körper war ein Motiv für ihre Askese.[35] Der Körper war für sie vielmehr von faszinierender Gegenwart. Horsiesius, ein Schüler des Pachomius, sieht ihn als *Feld, zur Bebauung von Gott gewährt, auf dem ich arbeiten und reich werden soll.* Man kann sich kaum ein genaueres Bild denken für asketische Kultivierung des Leibes.

Keuschheit der Engel (im amerikanischen Original: The Body and the Society). Sexuelle Entsagung, Askese und Körperlichkeit im frühen Christentum, München 1994.

35 Vgl. Brown, Keuschheit. 248: Doch wenn man das asketische Denken als 'dualistisch' beschreibt und seine Motivation in Hass auf den Körper sieht, verfehlt man seinen neuartigen und eindringlichsten Aspekt.

Bei allen Wandlungen in der Reflexion über Askese sei das Gefühl dafür konstant geblieben, dass dieser Kampf geführt wurde unter dem gemeinsamen Impuls von Leib und Seele. So ist die Meinung neuerer Forschung. Askese wurde nicht einseitig als „geistige Zucht" oder als Strenge nur für den Leib verstanden. Es ging ohne Zweifel um beide, um Leib und Seele. Man stellte sich anderen, tieferen Fragen wie etwa dem Problem des Ineinander von Leib und Seele. Was bedeutet das? Oder auch: Wie kann ich (Leibgebundener) mein eigener Freund und mein eigener Feind sein? Was ist das für ein Geheimnis in mir? Einerseits, so entdeckte man mit wachsender Verwunderung, stehen Leib und Seele in scharfem Gegensatz zueinander. Zugleich sind sie voneinander abhängig. Das Problem blieb keine bloße Theorie. Es hatte sehr konkrete Folgen. Zum einen konnte das Bewusstsein durch materielle Lebensbedingungen geändert werden. Zum andern machte man die geheimnisvolle Erfahrung: *Der unsterbliche Geist wird durch Lehm gereinigt und geläutert.*[36]

Als wichtigste Folgerung ergab sich aber, dass nicht der Leib des Menschen der eigentliche Kampfplatz der Askese ist, sondern sein Herz. Herz nicht als Geist oder Intellekt verstanden, sondern als lenkende Mitte. Im Herzen sehnt sich der Mensch, entschließt er sich, mit dem Herzen denkt und plant er, und zuerst und zuletzt mit dem Herzen glaubt er. Askese geht daher recht eigentlich an gegen das verschlossene Herz – man sprach von der *Unlenkbarkeit des Menschen.*

Allein dieser Ansatz zeigt, wie genau sich diese frühen Asketen im Menschen auskannten. Etwas Zentraleres als das

---

36 Johannes Climacus, Leiter 14, 868 C. Bei diesem Mönchsvater finden sich alle diese Fragen.

Herz gibt es nicht, zentral für die Beziehung zu Gott, für das Verhältnis zu den Menschen und allen anderen Geschöpfen, zentral vor allem für die Haltung zum eigenen Ich.

Benedikts Regel steht ganz in dieser Tradition, wenn in ihr die Auseinandersetzung mit dem Eigen-Sinn, mit der propria voluntas, eine so wichtige Rolle spielt. Bekanntlich beginnt diese Regel mit der Aufforderung: *Neige das Ohr deines Herzens, höre auf die Weisung des Meisters, gehorche.* Hören auf Gott und dessen Einübung, das meint die existentielle Entscheidung für Gott, das macht Mönchsein aus vom Anfang bis zum Ende. Man entstellt die Benediktsregel von Grund auf, wenn man sie reduziert auf ein Gehorsamsdiktat. Es geht um viel mehr. Es geht um den Kampf mit der *Unlenkbarkeit* des ‚*verschlossenen Herzens'.* Und positiv geht es um das Grundgesetz menschlichen Daseins, nämlich darum, einsichtig Gottes Wege zu gehen und damit die Wahrheit des Menschen zu vollbringen, wie es das eingangs zitierte Gebet zum Ausdruck bringt.

5. Sexuelle Versuchungen treten dadurch in ein anderes Licht. Es hat sie in der ägyptischen und sketischen Wüste durchaus gegeben. Aber es ist doch erstaunlich, einen wie geringen Raum ihnen etwa in der Antonius-Vita des Athanasius zugestanden wird. Sie galt als *Verlangen der Jugend*, normal für einen Zwanzigjährigen wie den jungen Antonius. Viel einschneidender war der Auszug aus der Dorfgemeinde in die Wüste und die damit verbundene Vernichtung der überkommenen sozialen Verhältnisse. Und dazu in einer Landschaft ohne Nahrung freiwilliges Fasten! Im Hungern bestand die weitaus schwerere Askese. Hinzu kam die Angst vor der Krankheit und dem Alter, vor Lebensphasen also, in denen man keine Kraft mehr haben würde zum lebensnotwendigen Broterwerb durch körperliche Arbeit. Daran und an

der Schande, dann auf fremde Hilfe angewiesen zu sein, entzündeten sich die ungleich härteren Kämpfe dieser Asketen.

Mehr als das Sexuelle beunruhigten Stolz, Hass, Halluzinationen und sonstige Aufblähungen des Ego. In solchen Auswüchsen zeigte sich recht eigentlich, wie schwer es war, den Menschen zu lenken. Sie galt es zu bekämpfen, in ihnen wies das asketische Ringen über das Körperliche hinaus in die Abgründe der Seele.

Nicht dass Sexualität unbeachtet geblieben wäre. Sie spielte ihre Rolle als *privilegiertes Ideogramm* für das ungeöffnete Herz. In ihr zeigte sich wie nirgends sonst die *nicht aufgegebene Privatheit.* Entsprechend wurde der sexuelle Trieb als der unauslöschlichste private Trieb[37] angesehen. Diese Auffassung kann einen noch einmal anderen Zugang zur Keuschheit eröffnen.

Keuschheit ist heute fast zum Un-Wort verkommen. Was man gegen Askese einzuwenden hat, lastet man noch schärfer der Keuschheit an: Verklemmtheit, ungesunde Frömmigkeit, Hochmut, Leibfeindlichkeit, Lebensangst. Außerdem fragt man in erster Linie, was man sich mit „Keuschheit" antut, nicht, was man durch sie etwa gewinnen könnte. Man isoliert körperliche Unberührtheit und verwechselt sie mit Unbefleckheit. Man hat vergessen, dass auch in der Ehe Keuschheit notwendig ist, soll sie christlich oder auch nur menschlich sein.

Das Ziel der Keuschheit ist nicht Makellosigkeit, sondern Freiheit. Und dies wiederum nicht, weil sexuelle Beziehungen in sich sündhaft wären. Der Leib des Menschen gehört eben-

---

37 Brown, Keuschheit, 244.

so wie sein Geist zur guten Schöpfung. *In Sünde hat mich meine Mutter empfangen* (Ps 51,7) meint nicht eine „befleckte Empfängnis" (im Gegensatz zur „unbefleckten Empfängnis" der Gottesmutter). Der Psalmist weist vielmehr hin auf die Erbschuld der Kinder Adams, des gefallenen Vaters der Menschheit im Sinn der Bibel. In sie wird jeder Mensch unweigerlich hineingeboren

Im Mittelalter gehörte Keuschheit zur geglückten menschlichen Persönlichkeit. „kiusch" geht nahtlos zusammen mit „rein" in Gedanken, mit „aufrecht" in den Werken, mit „gütig" im Willen, mit „Zucht" im Verhalten, mit Lauterkeit im Gewissen. Als „keusch" galt das Feuer der lauteren Liebe, ihr entgegen stand das Feuer der bösen Wollust. Und nur zwischen diesen beiden spielte sich der Kampf der Askese ab.

„Keusch", „kiusch" leitet sich sprachlich ab von lateinisch „conscius", „seiner bewusst", „besonnen". Ein „homo conscius" ist sich seines Willens, seiner Sehnsucht, seines Leibes bewusst. Damit bekommt Keuschheit etwas Geistiges, Vernunftmäßiges, sie verdankt sich nicht ausschließlich beherrschter Leidenschaft und gezügelter Triebhaftigkeit. Der *ganze* Mensch ist keusch, oder er ist es nicht. Ursprünglich hatte Keuschheit nichts Prüdes, nichts Kleinkariertes, nichts Introvertiertes. Sie meinte die ungetrübte, reine Ordnung in allen Beziehungen: zu Menschen, zu Dingen, zur Welt und zu sich selbst mit Leib und Seele.

Keuschheit hat die Kraft der Verwandlung. Sie strahlt aus wie die Reinheit des heiligen Franz von Assisi, von dem Dante dichtete: *Er ging der Welt auf wie eine Sonne.*

Was hat Keuschheit mit Askese zu tun? Askese ist Kampf um Zucht, Selbstbeherrschung, geschlechtliche Enthaltsamkeit und durchgehaltenes Maß. Sie sucht lebendige Ordnung in der Reinheit der Beziehungen zu verwirklichen. Aber alles das tritt in den zweiten Rang gegenüber dem einen Thema: Gott.

Gott fasziniert einen Menschen, Gott rührt an und ergreift, Gott bestimmt die Wirklichkeit eines ganzen Lebens, und dies nicht irgendwie, sondern mit der Liebe, die in Jesus Christus unser Menschsein bis zum Kreuz und zur Auferstehung durchgetragen hat. Diese Liebe ist es, mit der Gott zuerst geliebt hat, *vor* allen unseren Versuchen zu lieben. Weil ein Mensch davon überwältigt wird, nicht nur emotional oder punktuell, sondern bis in den Grund seiner Existenz, darum kann es sein, dass diesem Menschen die Liebe zu einem anderen Menschen, so glücklich sie sein mag, nicht mehr genügt. Er hört einen anderen Ruf und sucht nach einer Antwort. Er sucht nach einer Liebe, die nicht endet, sei es durch den Tod, sei es durch Enttäuschung oder auch durch die eigene Unzulänglichkeit. Je nachdem nimmt er dann auch die Einsamkeit in Kauf in der Entscheidung für eine Lebensform, die im Deutschen sehr unbefriedigend „ehelos" heißt.[38]

In früheren Zeiten unterschied man „jungfräulich" von „keusch". Autoren wie Johannes Cassianus heben „continentia" von „castitas", „Enthaltsamkeit" oder „Enthaltung" von „Keuschheit" ab.[39] „Continentia" hatte den eher negativen Beiklang einer nur willentlichen Askese. „Castitas" dagegen bezeichnete eine von der Gnade geschenkte Haltung. „Conti-

---

38 Im Englischen gibt es das vom lateinischen „virginitas" abstammende Wort „virginal", „jungfräulich", in den romanischen Sprachen entsprechende Ableitungen. „Jungfräulich" bezeichnet im heutigen Sprachgebrauch den sexuell unberührten Menschen, Mann oder Frau, oft nicht wertneutral.

39 Coll. IX, 12.

nentia" kann der Mensch erkämpfen, „castitas" wird er aus Eigenem nicht zustande bringen: Gott muss ihn dazu berufen. Durch die Gnade gelingt es, jenseits der Grenzen von Askese.

Man wusste damals also auch um Grenzen der Askese, die es kostet, das Leben zu ordnen. Eine Oration bittet Gott, er möge *uns ein neues und reines Herz schenken, das bereit ist, ihn aufzunehmen.* Sie bittet damit um Neuschöpfung durch Gottes Gnade, die das vermag, was der Mensch nicht kann: die Unlenkbarkeit des Herzens umzuwandeln in den Gehorsam des Glaubens.

Ganz praktisch und keineswegs nur bei sexuellen Problemen macht der Mensch die Erfahrung, dass er, allein auf sich gestellt, nicht zum Frieden und zu einem sinnerfüllten Leben kommt. Aussprache bei einem, der die Geister unterscheiden konnte, wurde als hilfreich erfahren. Die überlaufenen Praxen von Psychotherapeuten zeigen die fortdauernde Aktualität solcher „Eröffnungen". Die Alten sahen aber auch hier genauer die Grenzen. Sie wussten und legten es Ratsuchenden nahe: Zuletzt hilft nur das Gebet. Das ist bis heute so geblieben, und es gilt nicht nur für Mönche.

7. Christus und zuletzt nur er kann menschliche Unlenkbarkeit aus dem Grab des *Privaten* herausholen. Und er, dessen Macht den Leib ebenso wie die Seele umfangen und das Rätsel der Vermischung beider auflösen kann, er auch nur kann dem ringenden Asketen die castitas schenken, die „Keuschheit" mit ihrem heiteren, gelassenen Frieden. An der Grenze jeder Askese vermittelt Christus die durchscheinende Keuschheit, die mit dem Leib auch die Seele verwandelt.

Ganz so sieht es Paulus. Er nennt als Ziel *den Siegespreis der himmlischen Berufung ... in Christus Jesus* (Phil 3,14).

Diesem Ziel und in ihm Jesus Christus, der ihn *ergriffen* hat (Phil 3,12), gilt der asketische Kampf. Auf ihn hin soll der ganze Mensch sich ausrichten. Oder genauer: Christus richtet ihn aus, Askese öffnet für die Kraft Christi, die der von Gott Berufene in sich entdeckt. *Sie* macht, dass er vergisst, was hinter ihm liegt, und sich ausstreckt nach dem, was vor ihm ist (Phil 3,12). Im Sprachgestus des Apostels spiegelt sich die leib-seelische Haltung des Kämpfers: Er *streckt sich aus* nach dem, was vor ihm liegt, und so erwartet er mit Leib und Seele den Retter vom Himmel her, *der unseren armseligen Leib verwandeln wird in die Gestalt seines verherrlichten Leibes in der Kraft, mit der er sich alles unterwerfen kann* (Phil 3,20 f.).

Askese, so verkündet und bezeugt, ist nicht leibfeindlich. Der Leib wird durch sie vollendet, nicht vernichtet. Sie verwandelt den Leib, indem sie ihm hilft, sich wider die *Mächte der Finsternis* und der Sünde auf die Verwandlung hin zu öffnen und zu ordnen. Und es ist die endgültige Verwandlung, die als Teil des ganzen Menschen auch der Leib erwarten kann. Askese formt den Leib im Mitsterben mit Christus dem zu, der er ursprünglich war. Als Ebenbild der Herrlichkeit Adams verstand man die Asketen der ägyptischen und sketischen Wüsten ihrer Sehnsucht und Berufung nach. Es ist der Zweite Adam, in dessen Inkarnation nicht nur der Mönch, sondern jeder getaufte Christ auch heute sein eigenes Mysterium erkennen und empfangen kann.

8. Friedrich Nietzsche stellt einer taumelnden Welt die Überzeugung entgegen, dass der Mensch ein Ziel braucht. Aber *eher will er noch das Nichts wollen als nicht wollen. Versteht man mich? Hat man mich verstanden?... Schlechterdings nicht, mein Herr.* Ich behaupte, dass es auch heute Menschen gibt, die ihn verstehen. Allerdings braucht es den

Mut, sich für ein Ziel zu entscheiden, wie es die Asketen der Frühzeit taten. Sie sind nicht zum Kopieren da. Aber als Hinweis darauf können sie dienen, dass der Leib wie der Mensch überhaupt *um einen hohen Preis erkauft ist,* damit er *Gott in seinem Leib verherrlichen* kann. Damit ist nicht nur das Ziel benannt, auf das hin er mit seiner Askese unterwegs ist. Damit ist die letzte Bestimmung alles Leiblichen in den Blick genommen.

Einen Leib hast Du mir bereitet, sagt der menschgewordene Sohn bei seinem Eintritt in die Welt zum Vater (Hebr 10,7). Er sagt es, um den Gegensatz zwischen der neuen „Darbringung" und den alttestamentlichen Brand- und Sühnopfern klar zu machen, die Gott *nicht gefallen* haben. Er sagt es, um zu bezeugen, dass statt ihrer er selbst nun da ist, gekommen, *um zu tun, o Gott, Deinen Willen.* Dafür ist der Leib bereitet worden. Erst der Leib ermöglicht ja das alles umfassende heilbringende Leiden. Erst im Leib kann der Auferstandene die *Unlenkbarkeit* der Herzen hinlenken zur Realität der Erlösung, wie etwa den Apostel Thomas, der zum Glauben gekommen ist erst durch die verklärten und betastbaren Wundmale. Und weil das Sichtbare des Erlösers nach Papst Leo dem Großen *in die Mysterien hinübergegangen* ist, gilt es für alle, die den wahren Gott suchen, dass sie ihn leibhaftig betasten können. Mehr noch: Sie können ihm in seiner verklärten Leiblichkeit leibhaftig begegnen und so geheiligt werden *durch die Darbringung des Leibes Jesu Christi* (Hebr 10,10).

Was der Mensch gewordene Sohn zum Vater sagt, sagt er auch heute, in unserer chaotischen Welt. In jeder Eucharistiefeier bietet er ihr seinen Leib an, dass sie nehme und esse. Er bietet ebenso sein Blut an im Kelch des Heiles und der Freude. Durch ihn, mit ihm und in ihm kehrt die ganze Schöpfung zeichenhaft verwandelt heim zum Vater.

In der Askese des Leibes geschieht sozusagen buchstäblich die Nachfolge des Mensch und Leib Gewordenen. Sie geschieht auf dem Weg der Umwandlung und Sammlung in den „Leib Christi", in die Kirche hinein. Es ist der Weg des Sich-Verschenkens, damit das Leben gelingt.

4. LIEBEN ALS KUNST

Wenn man verliebt ist, glaubt man zu wissen, was Liebe ist. Man steckt drin bis über die Ohren. Da fragt man nicht. Schon gar nicht kümmert man sich um eine „Kunst" des Liebens. Man ist einfach verliebt. Leider ist das kein Dauerzustand. Beim ersten Ärger fängt man schon an zu zittern. Bei der ersten Eifersucht droht Entfremdung. Und wenn man gar dies oder das tun soll für den, in den man verliebt ist, kommt es rasch zum Schwur. Man begreift: Verliebtsein ist es noch nicht. Was ist also Liebe?

1. Liebe, das ist eine aktive Grundkraft des Herzens, das ist Eros als Widerfahrnis, als Affiziert- und Überwältigtwerden. Liebe meint man zu finden in der Befriedigung des Geschlechtstriebes, in ausschweifender Lust, in verzehrender Leidenschaft. Liebe ist Mitleid und Faszination, schöpferische Vereinigung. Von Plato an bis in unsere Zeit haben Denker und Künstler versucht, im Gott Eros das Wesen der Liebe zu ergründen, es festzuhalten im Bild und Begriff. Aber der launische Knabe lässt sich nicht festhalten, er ist nicht zu begreifen. Plötzlich trifft sein Pfeil, aber er selbst ist längst wieder über alle Berge.

Liebe kommt und geht scheinbar ohne Zutun. Liebe ist ein Zaubertrank, der Entzücken bringt und tödliches Gift einflößt. Liebe ist Leidenschaft, die blind macht. Sie wühlt auf, macht krank, ist Eifersucht, die „mit Eifer sucht", sie ist aber auch, als „große Liebe", das innerste Geheimnis der Schöpferkraft. Und schließlich ist sie die Perle aus der Muschel des Schmerzes, die allzu selten gefunden wird.

Warum versucht man doch immer neu, zu lieben? Elementar und geplant, vulkanisch und leise wie Tau am Morgen, unberechenbar und auch wieder einfach wie ein Kind überkommt sie den Menschen, zündet sie wie eine Stichflamme und verzehrt wie ein großer Schmerz. Aber auch als schwelende Krankheit kann sie schließlich zum Schicksal werden, nach ältester Menschheitsüberlieferung sogar zur Todeskrankheit.

Mit der Liebe geht es einem ähnlich wie mit Gott: Man kann sie nicht fassen. Man meint sie im Gefühl zu spüren. Man kann sie in dem, was sie anrichtet, erfahren. Der sicherste Weg zur Liebe ist das Tun aus Liebe. Da erweist sie sich nicht als Strohfeuer, da ist sie der glühende Kern. Da hat sie Bestand, nicht nur in festlichen, berauschenden Momenten, sondern im ganz gewöhnlichen Leben. *Lieben heißt: Sich in den anderen versetzen*, weiß der Schauspieler Barrault. Also ein Aus-sich-Herausgehen, hinüber zum anderen, ekstatisch und viel öfter nüchtern, konkret. Buchstäblich Ent-äußerung und also Erfahrung eines Sterbens. Liebe ist nicht billig, sie kostet einen hohen Preis: Sie kostet das Leben.

Aber Lieben lässt auch leben. Jeder hat daher Hunger nach Liebe. Der Einsamste am meisten. „Ich liebe, also bin ich", kann man Descartes variieren. *Einen Menschen lieben, heißt sagen: Du wirst nicht sterben*, weiß Gabriel Marcel. *Ich kann nicht mehr lieben, ich muss sterben*, wird von der Lasker-Schüler aus ihren letzten Wochen in Jerusalem überliefert. Auch wo glühend gehasst wird, ist Liebe mit im Spiel. Hass ist ihre verzerrte Maske.

Warum nur scheitert Liebe so oft? Nicht wenige trauen sich kaum mehr daran. Und können es doch nicht lassen.

2. Liebe, lieben ist eine Kunst. Wie jede Kunst will Lieben gelernt, erprobt und erfahren sein. Was man aber lernen will, muss man üben. Wie Lesen oder Klavierspielen. Wie lernt, wie übt man das Lieben?

Schon Ovid kannte die *ars amandi*, die *Kunst zu lieben*. Im biblischen Hohenlied bittet die Braut den Geliebten, er möge in ihr die Liebe *ordnen*. Wie soll das geschehen? Wie lässt sich Liebe ordnen? Wer kann dieser Urgewalt Herr werden? Was sollte hier etwa Moral zu suchen haben, wo der Wille, wie es scheint, nichts mehr zu melden hat? Verantwortung rückt oft in weite Ferne. Wobei man „Ordnen und „Moral" gleichzusetzen pflegt mit „Askese".

Nur Ahnungslose, scheint es, können das versuchen. Und doch: Wenn es im eigenen Leben schon so etwas wie Liebe und Lieben gegeben hat, wie war das? Da war doch nicht nur der Rausch eines ekstatischen Augenblicks, auch nicht nur der heroische Entschluss einmaliger Entsagung, wenn es Probleme gab. Da waren die vielen kleinen Schritte, die das Leben jedem abfordert. Wer sie zu tun versucht, der übt aber „Askese".

Liebe erschöpft sich nicht in der großen seltenen Leidenschaft. Sie ist echt und von Dauer nicht ohne eine Haltung, nicht ohne bleibende Zuneigung, nicht ohne durchhaltendes Mitleiden und Sich-Hergeben, Sich-Verschenken.

Mit anderen Worten: Lieben geht nie ohne Entsagung. Nicht aus Schwäche, sondern aus Kraft. „Stark wie der Tod" nennt die Schrift die Liebe, stark nicht zum Zerstören, sondern zum Aushalten und Überwinden. Der erste Korintherbrief zählt auf, wie Liebe aussieht: Gütig ist sie, langmütig, ohne Fanatismus, ohne Prahlerei, ohne Wichtigtuerei. Sie bleibt anständig, ist nicht egoistisch, lässt sich nicht reizen, rechnet nicht auf. Sie freut sich nicht über das Unrecht, sie freut sich an der Wahrheit. Und: Sie hält aus, „alles", wie Paulus meint. Und alles ist auch, was sie glaubt, was sie hofft. Allem hält sie stand. Sie hört niemals auf. Wenn das Brautpaar sich „Treue bis in den Tod" verspricht, sagt es sich das zu, was Paulus der Liebe zuschreibt.

Der Alltag blättert dann das „Hohelied der Liebe" auf. Da schwebt man nicht (mehr) über den Wolken. Da will Liebe in jedem Augenblick konkret werden. Wer es schon versucht hat, weiß, dass das nicht leicht ist. Tag für Tag will es geübt werden, miteinander und auch schon einmal füreinander, wenn der eine nicht mehr kann oder mag. Und genau diese Übung ist „Askese".

Bedeutet Askese hier pure Selbstlosigkeit, also Nein zum Ich? So behauptet es nur ein Zerrbild von Askese. An ihm hat die Meinung mitgestrickt, Selbstliebe sei minderwertig, sei sogar Sünde. Eine Aszetik, die sich zu Unrecht christlich nennt, führt als Kronzeugen das Neue Testament an: *Wer mein Jünger sein will, der verleugne sich selbst* (Mk 8,34). Selbstverleugnung vertrage sich nicht mit Selbstliebe, folgert man und stellt als Ideal die sich aufopfernde, sprich willenlose Mutter hin, die sich vergessende Gattin oder Stationsschwester, auch schon einmal den selbstlosen Ehegatten, den sich verleugnenden Vater und Freund, Seelsorger und Arzt. Bei näherem Zusehen versteckt sich aber hinter der Maske von Tugend leicht Kontaktschwäche, Unfähigkeit zur Freude, zur Liebe und eine subtile Ichbezogenheit, die zur gefährlichen Kompensation entarten kann, bis zum Hass auf das Leben.

Meister Eckhart, der große Mystiker des späten Mittelalters, sieht das anders. In einer seiner Predigten meint er: *Hast du dich selbst lieb, so hast du alle Menschen lieb wie dich*

88

selbst (...). So steht es recht mit einem solchen Menschen, der sich selbst lieb hat und alle Menschen so liebt wie sich selbst, und mit dem ist es gar recht bestellt.[40] Mit dieser Auffassung steht Meister Eckhart nicht allein. Ganz ähnlich wertet Nikolaus von Kues das positive Verhältnis zu sich selbst, wenn er den Beter Gott sagen hört: *Sei du dein, so werde Ich dein sein.*[41] Selbstliebe, christlich verstanden, ist die Voraussetzung für Gottesliebe, wie umgekehrt.

Etwas anderes ist Ichbesessenheit. *Wer sich nicht los sagt von sich,* übersetzt Fridolin Stier das entscheidende Jesuswort bei Markus (8,34). Liebe ist nicht ichbesessen, nicht in sich vernarrt. Liebe kann nie gedeihen ohne entsagende Lossagung. Was auch bedeuten kann: Nicht ohne notwendige Selbst-Distanz. Allerdings ist Entsagung nur dann etwas wert, wenn einer weiß um seinen Wert. Hingabe muss sich selbst kennen, muss sich „haben". Anders wirft sie sich weg, und die Antwort darauf gibt das Hohelied (8,7): *Nur verachten würde man sie.*

Für die Liebe zu Gott bedeutet so verstandene „Selbstliebe" eine Katastrophe. Man hat das lange anders gesehen. *Das Ich ist zu hassen,* fordert Blaise Pascal.[42] Ein schreckliches Wort, eine Karikatur von Liebe! Charles Péguy charakterisiert es so: *Da sie niemanden lieben, wähnen sie Gott zu lieben.* Aber nicht der düstere, sich kasteiende Perfektionist ist der Gott Liebende, sondern der lebendige Mensch. Der freut sich an allem Schönen und Guten ringsum wie an sich selbst, der ist dankbar, offen für alle Geschöpfe und für alle

---

40 Meister Eckhart, Deutsche Predigten und Traktate (hg. u. übers. v. Josef Quint), München 1955, 214.

41 De Visione Dei, 7.

42 Pensées, Fr. 455.

Menschen und so auch offen für Gott und für das, was seine Gnade aus dem Ich macht. Askese setzt die Freude voraus!

Dass es nicht nur das Gute in der Welt gibt, sondern auch das Böse und sogar den Bösen, den Feind alles Lebendigen, übersieht die Liebe nicht. Sie ist nicht blind. Und auch als rechte Selbstliebe ist sie es nicht. Gerade sie erkennt, wann Umkehr Not tut und also auch Buße. Sie fordert sogar dazu auf. Aber nie setzt sie das eigene Ich gleich mit dessen Schwächen und Sünden. Sie ist nicht verliebt in das Dunkle im eigenen Haus. Sie hat den hellen Blick, der hinter den Verschattungen den lichten Kern entdeckt: die zum Guten fähige Natur.

Es gehört zu den wichtigen Korrekturen im Blick auf Askese, dass der Christ diese Natur liebt. Dass er sie als Geschenk sieht. So kann er gar nicht anders, als in ihr auch den Schöpfer alles Guten zu lieben. Selbstliebe, so verstanden, ist nur die andere Seite der Gottesliebe. *Gott lieben ... wie sich selbst*, das ist das größte Gebot und die abgründigste Sehnsucht der Menschennatur durch alle ihre Verkrümmungen hindurch. Und so hat Kunst und also auch die „Kunst des Liebens" gerade die Aufgabe, Natur aus dem Rohzustand herauszubilden (*erudire*).

Und genau hierin trifft sie sich mit recht verstandener Askese.

Askese bietet dem Chaos die Stirn, im Umkreis wie im eigenen Inneren. Askese garantiert nicht das, was man ein braves kleinkariertes Leben nennt und heimlich mehr oder weniger anstrebt. Askese zielt nicht „Caritas" als folgenlose Sanftmut an, sie hat nichts Phlegmatisches. Ganz im Gegenteil fordert sie heraus zu Kühnheit und Großherzigkeit. Und sie verlangt die Ausdauer einer unverbrauchbaren Geduld. Erst so, so aber wirklich wird Askese nicht zur Beraubung, sondern zur Befreiung. Armut begegnet dann als „Herrin Armut", der Troubadour Franz von Assisi huldigt ihr mit jeder Faser seines Herzens. Ehelosigkeit wird zur fruchtbaren „Vermählung", die ins Ewige weist. Gehorsam wird erfahren als Einwilligung in das viel Größere, das Liebe im tiefsten ersehnt.

3. Denn Liebe ist nicht nur zu kultivierende Leidenschaft, nicht nur Affekt und Sex, die zu zügeln sind und um jede Ecke herum nach dem sechsten Gebot ruft. Liebe ist maßlos, von ihrem Wesen her.

Darum ist für eine Askese der Liebe nicht nur der Alltag das Übungsfeld, sondern auch das Fest. *Fest ist dort, wo Liebe sich freut*, weiß der Kirchenvater Johannes Chrysostomus. Gerade weil sie maßlos ist, bedeutet Liebe immer auch Fest und „hohe Zeit". Nicht nur als Sehnsucht sprengt sie alle Schranken und Zäune. Auch dort, wo wir von „Erfüllung" reden, obwohl immer noch Raum bleibt im „Gefäß", braucht es diese Einübung, will Liebe und Lieben in der Maßlosigkeit immer noch gelernt sein. Wie übt man den Umgang mit dem Grenzenlosen ein? Wie lernt man die Maßlosigkeit der Liebe?

Kaum irgendwo in den üblichen Vorstellungen von Askese wird deutlich, dass maßlose Liebe nicht nur Disziplin und Zucht nötig hat, sondern wachsen darf und im Wachstum gefördert werden soll. Wenn ich etwa entdecke, dass im Wort, im Blick, im Lächeln des Anderen Landschaften und Horizonte aufscheinen, von denen ich bisher keine Ahnung hatte, ist das Grund zur Freude. Ich darf in ihm dem Geheimnis begegnen. Weit davon entfernt, ihn in einem selbstgemachten „Bildnis" zu „besitzen", öffnen sich neue Perspektiven, weit über den eigenen Bereich der Vernunft, der

Empfindungen, der Erfahrungen hinaus. Ich wachse, indem ich den Raum des Grenzenlosen im anderen zulasse und wachsen lasse. Das Geheimnis in ihm hilft mir, mehr ich selbst zu sein, so wie es dem anderen erlaubt, mich zu immer neuem Staunen aufzuwecken.

Da kann Miteinander verzaubern und glücklich machen. Da gibt es keine Langeweile, Lieben wird zum Abenteuer. Man zeigt es einander mit kleinen Gesten der Aufmerksamkeit, der Überraschung, nicht nur an besonderen Gedenktagen, auch etwa beim Nachhausekommen nach einem auslaugenden Arbeitstag oder vielleicht zur Überbrückung von Verstimmungen und immer einmal auftauchenden Meinungsverschiedenheiten. Was für ein Fest, wenn miteinander alt gewordene Eheleute sich immer noch höflich und mit Respekt begegnen, wenn kleine Signale deutlich machen, dass man sich gegenseitig noch nicht leid geworden ist. Dergleichen ist nicht selbstverständlich, es will geübt sein. Und es soll spontan bleiben, nicht zum Ritus erstarren. Wo es ganz fehlt, wird Zusammenleben mühsam und Liebe farblos, mehr Verpflichtung und Anstrengung als Freude und Geschenk.

Es kann aber auch sein, dass Liebe über die Zweierbeziehung hinaus strebt um einer Aufgabe willen, die ein ganzes Land, ein ganzes Volk, eine globale Verpflichtung umfasst. Und was am Anfang war: Liebe zu zweien, wird nicht nur geweitet durch das Kind, sondern es kann vertieft werden in einer größeren Sendung. Es muss nicht so extrem sein, wie in Yasmina Khadrars Roman „Die Attentäterin", wo die größere Liebe in den tödlichen Einsatz treibt und der andere, der als Arzt dem Leben verpflichtet ist, nicht mehr mitkommt.[43] Aber Liebe und Tod gehören in jedem Fall zusammen. Sie bleiben

43 Yasmina Khadra, Die Attentäterin, München 2006.

ein Thema großer Literatur, durch alle Jahrhunderte, wie sie auch im normalen Leben zusammengehören.

In diese Richtung weist auch christliche Ehelosigkeit. Dullin *besaß unter anderen Gaben die seltenste: eine täglich neue Jungfräulichkeit,* bezeugt überraschend Jean-Louis Barrault von seinem ersten und wichtigsten Lehrer in der Schauspielkunst. Und er versteht darunter: *Jeden Morgen ... schien er das Leben zum ersten Mal zu empfangen.*[44] Er empfing frisches Leben, nicht, um es zu speichern. Er gab es an seine Schüler weiter, bis zur Erschöpfung, wie in einem Sterben.

Grenzenlose Liebe noch einmal anders in Dantes „Göttliche Komödie": Wo der Dichter sich anschickt, in den Lichtabgrund der Gottheit hinabzublicken, kann er nur bestehen durch Standhalten mitten im Übermäßigen.

Der heilge Lichtstrahl, dem ich standhielt, hätte

Mit seiner Schärfe, glaub ich, mich zerstört,
Hätt' ich die Augen von ihm abgewandt (Par 33,76-78).

Nach der tiefen Deutung, die H. U. von Balthasar in seiner theologischen Ästhetik von dieser grandiosen Stelle anbietet, wird das dantesche Maß gerade *in dem Standhalten vor dem Übermaß des Gegenstandes geboren, im verzichtenden und seligen Sich-Einordnen* in das Überwältigende.[45] Über alles Ästhetische hinaus wird dieses Maß bedeutsam: *Auf dieses Geheimnis hin zielt auch die im Paradies zentrale Lehre von*

---

44 Barrault, Erinnerungen, 77.
45 H. U. v. Balthasar, Herrlichkeit. Eine theologische Ästhetik, Bd. 2. Fächer der Stile, Einsiedeln 1962, 437.

der Einordnung des menschlichen in den göttlichen Willen.[46]
Der Wille, *mein Bruder,* wird so *gestillt durch die Kraft der Liebe (Par 3,70f.).* Einübung ins Übermaß führt im Gehorsam zur wunschlos seligen Erfüllung.

Bei Dante findet der läuternde Eros, die Sehnsucht in der „Himmelsrose" endlich seine Erfüllung. Anders in der östlichen Theologie und Mystik eines Gregor von Nyssa. In seiner Mose-Vita erfüllt Gott die Bitte um die unmittelbare Schau dadurch, dass er sie gerade abschlägt. Mose darf erfahren, dass das eigentliche Sehen Gottes dies ist: niemals eine Sättigung des Verlangens zu finden, ihn zu sehen. Der vom Mysterium des Unfassbaren Angerührte wird in seinem Verlangen, noch mehr zu schauen, ständig neu entzündet. Askese der Grenzenlosigkeit ist hier die Einübung des Nichtgesättigtwerdens, ist der Verzicht auf eine unsere Natur übersteigende Unmittelbarkeit. Askese nähert sich der Gnade, immerfort weiter geöffnet zu werden für das nie zu fassende göttliche Licht.

Die Versuchung bleibt, das Grenzenlose einzufangen, wie Petrus drei Hütten dort zu bauen, wo es *gut ist, zu sein* (Mk 17,4 par.). Immer neu ergeht die Bitte wie in Emmaus an den, der unterwegs anspricht: *Bleib bei uns* (Lk 24,29).

4. All das bleibt aber schöne Theorie ohne die Befreiung, die der Glaubende in Christus findet. In ihm, dem *Asketen* schlechthin, wird die Befreiung anschaubar und erfahren als Heilung des Lebens.

Im Schlusskapitel versuchen wir etwas davon anschaulich zu machen. Jesus Christus war kein Fanatiker. Aber er war

---

46 Ebd.

maßlos. Seine Liebe kannte keine Grenzen. Bis dahin, dass er sich vom Vater besiegen ließ in der Ölberg-Nacht, um seine Sendung zu vollenden. Nichts hat er für sich behalten, alles hat er hingegeben.

Wenn dieses Leben eine einzige Einübung in die Rolle war, die er im Liebesdrama des Vaters zu spielen hatte, so gelangte er schließlich darin zur Meisterschaft. Im Sterben „konnte" er die „Kunst des göttlichen Liebens". Und sein durchbohrtes Herz verströmt nun Leben und Frieden in eine Welt, die sich so schlecht auf das Lieben versteht: *Kommt alle zu mir, die ihr euch plagt und schwere Lasten zu tragen habt, ich werde euch Ruhe geben* (Mt 11,28).

Auch so öffnet Jesus Christus den Horizont des Endgültigen. Im Blick auf ihn lässt sich die Mühe und der Kampf wagen, im Größten wie im Kleinsten, in der einmaligen Herausforderung eines Lebens nicht anders als im werktäglichen Kleinkrieg. Liebe lernt sich nicht ohne Askese, aber Askese bleibt düstere, leib- und lebensfeindliche Abtötung ohne die Liebe. Dass wir das so lange vergessen konnten! Unsere turbulente Welt zwingt zur Besinnung darauf.

Die große Kunst hat es nie vergessen. Stellvertretend für alle sei noch einmal Dante genannt. Er schaut die Liebe als die Kraft, die alle Gestirne lenkt und auch unsere Erde umfangen hält. Im innersten Herzen der *himmlischen Rose* offenbart sich ihm *tief im Inneren* unser Ebenbild, *gemalt in seinem Ton desselben Lichts, auf dessen Grund ich mein Gesicht entdeckt.*[47] Dorthin will der *Asket* Jesus Christus führen, darin enthüllt sich das Ziel aller Askese.

---

47 Die Göttliche Komödie. Das Paradies 33, 130-132.

Wieder wird deutlich und mehr als deutlich: Wer die Ver-
wandlung des Menschen für entscheidend hält, damit die
Welt sich ändere, dem kann Moral nicht genügen. Gott hebt
menschliche Bescheidung und Selbstbeherrschung über das
Diesseitige hinaus in die Askese Jesu Christi, in den Tod zum
Leben, in die Hingabe ohne Grenzen – in seine Liebe.

Und es kann sein, wie bei Johannes vom Kreuz, dass die
„Kunst der Liebe" sich in der Mystik vollendet, wenn

Du, der heimlich im Innern
allein in mir wohnst, der Verhüllte,
Augen aufschlägst aus der Nacht (...),
mich liebst und Dich lieben machst.[48]

Oder es wird wie in den sogenannten Mengelgedichten Ha-
dewijchs von Antwerpen (13. Jh.) das Sich-Begnügen im
Ungenügen zum Ausdruck gebracht, indem der grenzenlose
Gott im allzu Engen des Kreatürlichen begegnet

Alle Dinge
sind mir zu eng:
Ich bin so weit:
Ein Ungeschaffenes
habe ich umfasst
in ewiger Zeit.

Ich hab es eingefangen.
Es hat mich ausgedehnt
unendlich weit:

---

48 Johannes vom Kreuz, Lebendige Liebesflamme in: Ihn will ich suchen, den
meine Seele liebt. Gebete und Betrachtungen, Ostfildern 1987, 84.

96

Mir ist so eng, so eng,
Das weißt du gut,
Du, der ja da ist. (Eigene Übersetzung)

5. SELBSTLIEBE OHNE NARZISSMUS

1. *Una persona importante* meldet sich am Telefon der Unbekannte in Joachim Fests Italienbuch „Im Gegenlicht". Achtung, heißt das, hier spricht eine wichtige Person. Eine von der Sorte „v.i.p." (very important person). Kein Name, statt dessen eine Kategorie: Man hat es nicht mit irgendwem zu tun.

Das unterscheidet vom Gros der Masse. Die macht sich wichtig, ist es aber nicht. Sie zählt kaum, hat kein Gewicht, ist ohne Geltung, also ungültig; schlimmer noch: gleichgültig.

Der Mensch will aber gelten. Er will gesehen werden. Er wehrt sich spontan dagegen, übersehen zu werden. Und nicht nur aus Eitelkeit. Wo einer spürt, dass man ihn für bedeutungslos, also für unansehnlich hält, tut er unwillkürlich alles Mögliche, um aufzufallen. Er drängt ins Rampenlicht. Er muss zu allem sein Urteil abgeben. Er wird vielleicht zum Kriminellen, so kommt er wenigstens in die Zeitung. Treffend zeichnet Saint Exupéry den Eitlen auf seinem kleinen Planeten. Süchtig nach Beifall verbeugt der sich dankbar, wenn einer klatscht. Ohne Beifall kann er nicht leben. Der „Kleine Prinz" schüttelt nur den Kopf. Wieso ist sich der so wichtig?

Irgendwie sitzt das, was den Eitlen lächerlich macht, in jedem Menschen. Dieses Gerangel nach Titel, Rang, Namen und Position! Der Mensch sucht Beachtung. Etwas in ihm braucht sie wie das tägliche Brot. Darum wollen viele auffallen, wenn sie übersehen werden. Sie probieren Masken aus. Sie stellen sich krank. Sie reden den anderen tot. Und gefallen sich auch noch im Registrieren ihrer Gefallsüchtigkeit. Und das ganze Theater aus keinem anderen Grund, als weil Menschen zu allen Zeiten sich selbst so wichtig sind.

Anders gesagt: Narziss spielt die erste Geige. Es klingt nicht selten schräg. Aber Narziss merkt das gar nicht, das gerade ist das Problem. Nur die andern hören es. Und leiden.

Dabei gäbe es eine einfache Lösung: Man müsste nur einen Schritt zurücktreten. Nur ein wenig Abstand gewinnen von sich. Altmodisch ausgedrückt: Askese ist angesagt. Nicht freilich als verordneter Verzicht oder als erzwungene Abtötung, sondern als Mut zur Bescheidenheit, als Entschluss zur Selbstdisziplin, im einen wie im anderen als Unabhängigkeit von dem Bild, das andere sich von einem machen.

Unabhängigkeit oder auch Freiheit gewinnt man noch nicht, wenn man sich einredet, man brauche keine Beachtung. Man sei sich selbst genug. So sagt auch eine „bucklige Demut", die in Wirklichkeit unfähig ist zur Kommunikation und oft genug in hoffnungsloser Isolation landet. Etwas Anderes ist es, wenn Missgünstige einen aufs Korn nehmen. Da kann es sein, dass man vermittelt bekommt: „Besser wärst du gar nicht ‚da'". Nicht ohne Grund redet man von „tödlichem Hass".

Nur einer, der sich und seine Bedeutung wirklich kennt, hält da stand. Nicht also der Hochmütige, sondern der Hochgemute. Der ist kein Menschenverächter. Er hört auf das, was andere von ihm sagen und meinen. Er nimmt es ernst. Aber er lässt sich dadurch nicht beirren oder gar verwirren. Vor allem dann, wenn ihm Gott wichtiger ist als er sich selbst. Letztlich nur darum wird einer unabhängig vom Urteil anderer. Unabhängig, nicht taub.

Dann sucht er auch nicht in falscher Bescheidenheit der Verantwortung aus dem Weg zu gehen, um andererseits tödlich beleidigt zu sein, wenn man ihn nicht an erster Stelle nennt. Wer sich so verhält, ist nicht ehrlich, sich und anderen gegenüber nicht. Mit Demut hat das nichts zu tun.

Demut bedeutet ja, zu seiner Wahrheit stehen. Und die Wahrheit ist, dass der Mensch aus gesundem Selbstwertgefühl gesehen werden und angesehen sein will. Das behält Gültigkeit bis dahin, dass der Mensch erst dann ganz und gar „da" sein und er selber werden kann, wenn ihn die Liebe bestätigt. *Es ist gut, dass du da bist*, sagt die Liebe, die darin schöpferisch ist.[49] Da ist es nicht Ichverliebtheit, wenn einer sich wichtig wird, sondern Geschenk.

2. Was hat Askese mit all dem zu tun?
Askese zielt auf Kultivierung. Kultivierung verlangt wesentlich Abstand. Hier also Abstand vom naturhaften Hang nach Beachtung. Man kann es einüben, sich unabhängig zu machen vom Beifall anderer oder auch nur von der Beachtung durch sie.

Wie das konkret aussehen kann, schildert etwa Alexander Solschenizyn. So erzählt er von einer alten Bäuerin, die so „dumm" gewesen sei, ohne Lohn und Dank für andere zu arbeiten. Dabei sei sie freundlich geblieben bis zu ihrem Ende. *Wir alle lebten neben ihr her*, heißt es in „Matrjonas Hof", *verstanden nicht, dass sie eben jener Gerechte war, ohne den, wie das Sprichwort sagt, ein Dorf nicht besteht. Auch keine Stadt. Auch nicht unser ganzes Land.*[50]

---

49 Josef Pieper, Über die Liebe, München 1972, 53.
50 Alexander Solschenizyn, Matrjonas Hof, in: Im Interesse der Sache. Erzählungen, Neuwied/Berlin 1970, 56.

Matrjona hatte sich offenbar mit ihrer Rolle versöhnt, sie war mit ihrer Unansehnlichkeit einverstanden. Das zeigt ihre Freundlichkeit. Darin bestand ihre Askese. Eine Askese der Umkehr und des Abstands von naturhafter Selbstverwirklichung und Selbsterlösung. Da leuchtet etwas auf von der Unansehnlichkeit des Zimmermannssohns, der seinen Jüngern untersagte, von ihm als dem Messias zu sprechen, ehe die Zeit erfüllt war, der mit Vorzug die „Kleinen" liebte, der sich lächerlich machte bei Schriftgelehrten und Pharisäern, der schließlich verachtet, „außerhalb der Stadt", am Schandpfahl starb.

Von ihm darf sich angeschaut und sogar umarmt wissen, wer die Rolle des Unansehnlichen einübt. Jesus konnte so leben und so sterben, weil er sich vom Vater „gesehen" wusste und ihn seinerseits „sah". Aus gegenseitigem Angesehenwerden lebte seine souveräne Gelassenheit, seine nicht verlassene Einsamkeit, seine unverkrampfte Demut, mit der er die Mühseligen einlädt, bei ihm Ruhe zu finden. Er wusste, wer er war, er wusste es in jeder Situation, auch beim Knechtsdienst der Fußwaschung und auch in der Nacht des Verrates am Ölberg, als er sich selbst auslieferte und gerade da sich bezeichnete mit dem biblischen Hoheitsnamen Gottes: *Ich bin es* (Joh 18,5).

Vom Gott-Menschen kommt die Kraft, die rechte Mitte zu finden zwischen Selbstachtung und Unansehnlichkeit und damit das rechte Maß, das zu sich selbst befreit.

3. Im Leiden am Ich begegnet der Unansehnliche dem narzisstischen Menschen. Der Unansehnliche kämpft um sein Da-Sein, das ihm durch Übersehenwerden bestritten wird. Narziss kämpft um sein So-Sein, das er sich selbst streitig macht. Denn Narziss ist nie zufrieden mit sich. Oder muss

man sagen: Narziss ist ewig auf der Suche nach sich selbst? Auf jeden Fall ist er in sich verliebt und damit unfähig zum Abstand von sich.

Auf einer frühen Entwicklungsstufe erlebt der Mensch, dass das Ich harmonisch verwoben ist mit allem, was ihm begegnet. Sobald die Harmonie aber gestört wird, und das geschieht oft früh und auf vielerlei Weise, fühlt er sich gefangen im „Verlies" des Ich. Vor allem wird es schwierig für ihn, unbefangen zu begegnen. Überall mischt sich das vorlaute Ich ein. Wie soll er aber Mensch werden, Mensch sein ohne Begegnung? Im Extremfall entartet Narziss zum Autisten. Und für diese schwere Erkrankung gibt es ohne besondere Fügung und Gnade so gut wie keine Heilungschance.

In vielen Romanen, Gedichten und Dramen wird Narziss zum Thema. Nur ein Beispiel aus vielen: Alfred Döblins Roman „Hamlet oder die lange Nacht nimmt ein Ende".[51]

Im Kranz der Erzählungen, die den Großteil des Romans ausmachen, gehört Edwards Spiegelgeschichte zu den eindrucksvollsten. Ein Löwe – seinen Namen hat der Erzähler vergessen – lebt auf einem Berg. Wenn er Durst hat, trabt er zum nahen See. *Und immer, wenn er soff, trübte sich das Wasser. Der Spiegel des Teichs verzerrte sich, er erkannte sich nicht.*

Aber einmal schleppt er sich heran. Statt gleich zu trinken. streckt er sich lang aus und schiebt seinen furchtbaren Kopf über die Fläche. *Und siehe da, er bemerkte etwas vor sich, unter sich.* Da kommt ihm aus dem Wasser ein riesiger Kopf

---

51 Alfred Döblin, Hamlet oder die lange Nacht nimmt ein Ende, München 1979, 134–135.

entgegen, er fährt zurück und wartet zitternd. Dann springt er hoch, zieht sich noch einmal zurück und brüllt auf. Aber nichts regt sich im Teich. Bis er sich noch einmal vorstreckt und in den Spiegel schaut. Da *kam es wieder aus der Tiefe herauf, Aug in Auge – wer? Wer kam da so lautlos von unten heraufgeschlichen und … wollte es mit ihm aufnehmen?* Noch einmal zieht der Löwe sich zurück, heult grauenhaft, duckt sich, horcht und äugt, *und nun, da sich nichts rührte, sprang er mit einem ungeheuren Satz jenem an die Kehle.*

Er klatscht ins Wasser. Er stürzt und packt ihn nicht und suchte und fasste ihn nicht. Und versank im Wasser, das über ihm gurgelt.

Nach einer langen Pause sagt der Erzähler schließlich: *Jetzt weiß ich auch, warum ich den Namen des Löwen vergessen habe. Ich – war er selber!*

Kaum irgendwo habe ich die Qual des Narziss unmittelbarer und genauer dargestellt gefunden als hier. Döblin war Nervenarzt, er war auch Emigrant und Konvertit, er war in all dem ein ungewöhnlich komplexer Mensch. Was er hier schildert, ist selbsterfahren. So auch die unheimliche, ungreifbare Gegnerschaft, die den Sich-Spiegelnden bis zum Äußersten provoziert: Wut, Frustration, Hass und schließlich Selbstvernichtung. Was der Löwe im Teichspiegel sieht, ist Illusion, Wahngebilde. Schrecklich, gerade weil das Bild so ähnlich ist. Im Gespiegelten erkennt der Löwe die eigene Furchtbarkeit. Er kann das Bild nur hassen. Er kann es aber auch nicht in Ruhe lassen.

Das genau macht die Qual des Narziss aus: Er muss sich hassen und kann sich doch nicht lassen. Was kann hier noch helfen?

4. Am Ende einer Eucharistiefeier betet die römisch-katholische Liturgie: *Gestalte uns nach dem Bild deines Sohnes, der im Sakrament unsere Speise geworden ist.*

Wer dieses Gebet ein wenig auf sich wirken lässt, entdeckt vielleicht einen Ausweg aus der narzisstischen Sackgasse. *Gestaltet nach dem Bild deines Sohnes*, heißt es. Wer das ernst nimmt, muss nicht mehr nur sich im Blick haben. Nicht weil der Wasserspiegel sich trübte. Sondern weil das narzisstische Spiegelbild abgelöst, überboten und erlöst ist. Nur muss Narziss sich transformieren lassen. Die Illusion des Spiegels weicht dann der Wirklichkeit. Der Mensch will nicht mehr „hinter sich" kommen. Er fühlt sich weder bedroht noch fasziniert vom eigenen Ich. Er kann sich loslassen, er ist ja „verwandelt" und erkennt sich in dem, der ihn nicht tötet, sondern *der unsere Speise geworden ist.*

Endet damit der Kampf des Narziss? Er endet ebenso wenig wie der Kampf des Unansehnlichen. Vor der Kirchentür wartet der Alltag, und mit ihm meldet sich wieder der Durst, der aus dem „Teich" des Spiegels trinken will. Aber der den alten Kampf wieder aufnimmt, tut es als Verwandelter. Er ist verwandelt *nach dem Bild des Sohnes.*

Und das ist keine Illusion. Narziss begegnet dem, der, *obwohl in der Herrlichkeit des Vaters, sich selbst erniedrigt hat. Exinanivit semetipsum, sich selbst hat er zu Nichts gemacht,* heißt es im Philipperbrief (2,8). Narziss begegnet also dem Unansehnlichen schlechthin, ihm, der alles und alle nach seinem Bild umgestalten will. Jetzt kann der „Löwe" seinen Durst löschen, ohne sich selbst zu zerstören. Indem er sich satt trinkt, geschieht die Verwandlung, nicht im Reich der Träume und Wünsche, sondern „in Gnade und Wahrheit". Nichts ist wirklicher als dies.

Von da an kann der Mensch, wozu Narziss unfähig bleibt: Er kann lieben. Er lässt sich hineinholen in den „Dialog der Liebe". „Dialog" im allgemeinen und sicher als „Dialog der Liebe" beginnt und findet statt dort, wo sich ein Mensch in einen anderen „versetzt". Wo er also seinen Stand im anderen und so, nur so, Stand auch in sich findet. Wo er diese wunderbare Möglichkeit verwirklicht, durchbricht er die Angst und Egozentrik des Narziss. Er wird frei von der Selbstbespiegelung und ihrem Widerspruch, er lässt sich ein auf das zwei-eine Liebesgebot der Bibel, nach Hermann Hesse das weiseste Wort, das je gesprochen wurde: *Liebe deinen Nächsten wie dich selbst.*

Wer dieses Wort ernst nimmt, stellt sich dem Kampf der Askese in Gestalt eines Reifungsprozesses, der viele Stadien geduldiger Selbstüberwindung kennt. Den anderen lieben wie sich selbst kann nur, wer sich selbst nicht hasst. Es geht nicht ohne gesunde Selbstliebe, sie ist geradezu geboten.

Sich in den anderen „versetzen", ihn also lieben wie sich selbst, verlangt einen Perspektivenwechsel. Döblin veranschaulicht, was das bedeutet: nicht mehr und nicht weniger als konkrete Umkehr. Der reiche Erbe Edward, der nach tragischen Katastrophen und Zerstörungen das „Ende der langen Nacht" findet, verteilt sein riesiges Vermögen an die Krankenkassen der Armen und behält nur das Nötigste für sich. Edward „versetzt" sich in die Unansehnlichen, nachdem der Narziss in ihm die Umwandlung durch die Liebe akzeptiert und erfahren hat.

Indem Edward sich so entäußert, überlässt er sich dem, der nach dem Hebräerbrief *verzehrendes Feuer* ist (12,29; vgl. Jes 33,14). Die lange Nacht, die eine Nacht der Lüge ist, findet so ihr Ende. *Du hast deine Heimat gefunden?* fragt der

Arzt am Schluss des Romans. Edward: *Ich danke dir, dass du so fragst.*[52]

Mehr deutet Alfred Döblin nicht an. Doch wir begreifen, dass damit ein neues Leben beginnt. Edward, der narzisstisch Verkrüppelte, wird des Lebens ansichtig. Er stellt sich der Masse als ein Stück von ihr. Askese im Blick auf den unansehnlichen Menschen, Askese im Kampf des Narziss wird zur Hilfe gegen die Ichverliebtheit damals wie heute und wie in alle Zukunft. Im Dilemma von Unansehnlichkeit und Überbelichtung kann Askese helfen, ins Lot zu kommen. Selbstliebe ohne Narzissmus. Nicht Auslöschung, sondern Transformation des Ich zum Selbst – bis zu seiner Verwirklichung im „Gespräch der Liebe". Vielschichtig sagt dazu Edward: *Darum gehe ich jetzt aus und entdecke mich.*[53]

---

52 Ebd. 573.
53 Ebd. 572.

6. MIT UNERSCHÖPFBARER GEDULD (RB 72,5)

1. Geduld ist nicht interessant. Sie setzt sich nicht in Szene wie Ehrgeiz oder Eifersucht. Geduld ist still. Und sie hat Dauer. Sie ist nicht Sache des Temperaments. Wenigstens nicht nur. Wohl wird sich der Choleriker mit ihr schwerer tun als der von Natur Ausgeglichene. Aber jeder muss sie lernen. Geduld muss eingeübt werden. Und nicht selten ist es eine Schule des Leidens, in der sie nach und nach heranreift und zur Haltung werden kann.

Geduld hat mit Ausdauer zu tun, sie ist ruhiges, beherrschtes, auch nachsichtiges Aushalten und Ertragen. Das Warten ist ihr verwandt. Während der Wartende aber meistens etwas erwartet, fragt der Geduldige nicht. Er hält einfach aus.

Geduld begehrt nicht. Das Vielerlei ist nicht ihre Sache. Wohl ist in ihr ein Verlangen. Es verlangt sie nach dem guten Ende. Überhaupt nach dem Guten. Das bewahrt sie vor Trübsinn und verwirrter Traurigkeit. Und es gibt ihr etwas Heiteres. Geduld verträgt sich nicht mit einem Ernst, den wir im Deutschen nicht ohne Grund „tierisch" nennen. Auch nicht mit Melancholie. Wohl mit Humor, mehr noch freilich mit Hoffnung.

Geduld ohne Hoffnung ist Stumpfsinn. Davon konnten Kriegsgefangene in ihren Arbeitslagern ein Lied singen: Sie zählten die Tage, auch noch und gerade nach Jahren der Gefangenschaft.

Und noch etwas gehört zur Geduld: Nachsichtige Güte. Wie es Geduld nach dem Guten verlangt, so auch nach dem, was im anderen gut ist. Geduld kennt keinen Argwohn. Sie misstraut nicht. So kann sie stärker sein als die Angst, Angst vor der Enttäuschung durch andere, vor ihrer Durchschnittlichkeit oder ihrer Maske, Angst auch vor dem Nachlassen der eigenen Kräfte im Alter und vor dem Vergessenwerden. Geduld ist stärker als die herannahende Nacht, stärker als die Schatten von Krankheit und Tod. Geduld traut zu. Sie traut dem Leben und also Gott, dem anderen und sich selbst.

Nicht zuletzt hält der Geduldige es mit sich aus. Er läuft nicht vor dem Alleinsein davon. Er stellt sich dem Hüllenlosen, Nackten. Er flieht die Stille nicht. Jeder, der schon einmal versucht hat, es mit sich auszuhalten, weiß, dass das nicht leicht ist. Geduld hat ihren Preis, das zeigt sich da wie kaum anderswo.

Wer wirklich sich aushält, dem geht es zuerst nicht gut. Das Wespennest im Kopf ist vielleicht nicht das Ärgste. Das Ärgste ist die Leere. Man kommt sich wie erstorben vor. Wenn Mechthild von Magdeburg mahnt: *Wenn man deine Nichtigkeit tadelt, sollst du geduldig sein,* hat sie wohl die Erfahrung dieser Leere gemacht. Und sie wusste auch, dass man aufbrausen möchte, wenn einer den Finger auf die „Nichtigkeit" legt, noch dazu tadelnd. Geduld lernt auch das aushalten. Einübung in die Leere gehört zur Geduld.

Vielleicht meldet sich dann eine Gegenwart. Man sollte sie nicht zu schnell „Gott" nennen. Aber man sollte aufhorchen. Denn im Aufmerken, im Sich-Öffnen für das, was sich da meldet, kann es wie ein Wink auf Gott hin sein.

Zumindest tut sich eine Ahnung von Unendlichkeit und Namenlosigkeit kund. Der enge Kerker weitet sich. Geduld bekommt Größe im Aushalten dessen, was ich mir nicht selbst verschaffen kann, was mir nur von anderswoher kommen kann oder eben nicht kommt. Simone Weil spricht hier vom *geistlichen Bereich*, den man erreichen muss, um *in Sicherheit* sein zu können.[54] Geduld wird da zur größeren Aufmerksamkeit, die Anstrengung des Durchstehens wandelt sich in die passive Kraft des *effort négatif* – ich will nichts Selbsterrungenes mehr, ich erwarte *alles anderswoher*.

„Passiv" bezeichnet hier wirklich ein Erleiden. Was wie Unendlichkeit und Namenlosigkeit anmutet, ist ja nicht eindeutig. Es kann ängstigen, nicht nur glücklich machen. Es kann verunsichern, heimatlos machen. Erst wenn man wirklich nichts mehr für sich will, wird man nach und nach fähig, im Namenlosen *das süße Heimliche der Unheimlichkeit* anzunehmen (K. Rahner). Und dann ist es nicht mehr weit bis dahin, dass einer sagen hört: *Fürchte dich nicht!* Das nimmt die Angst. Da ist keine Leere mehr: Ein Gesicht schaut an. Unendlich gut, unendlich wissend, unendlich geduldig. Von da an kann Menschengeduld nur mehr Antwort sein. Und sie wird leicht, und in dem Maße, als sie *das süße Heimliche der Unheimlichkeit* annimmt, wird sie „unverbrauchbar".

2. Ausdrücklich von „unerschöpfbarer Geduld" ist in der Mönchsregel Benedikts von Nursia (72,5) die Rede. *Patientissime tolerent* (wir möchten den Superlativ mit „unerschöpfbar" übersetzen), *unerschöpfbar geduldig* sollen die Mönche *gegenseitig ihre körperlichen und charakterlichen Schwächen ertragen*.

Benedikt versteht unter Geduld offensichtlich nicht das *'opfer-selig' vergrämte, unfreudige und kraftlose Erleiden aller irgendwie begegnenden oder gar aufgesuchten Übel*, als das

---

54 Simone Weil, Dressur, in: Schwerkraft und Gnade, München 1952, 225.

man sie oft missversteht; auch nicht *das wahllose Hinneh-men von irgendwelchen Übeln* (J. Pieper). Geduld ist für den Mönchsvater keineswegs Sache von Halbherzigen und Apathischen, er will sie gerade für Zönobiten, die er *die stärkste (Mönchs-) Art* nennt (RB 1, 13). Ihnen fordert er den *guten Eifer* ab, der *zum ewigen Leben führt.* Ihn sollen die Mönche *mit glühender Liebe, ferventissimo amore* in die Tat umsetzen. Und genau das tun sie, wenn sie *mit unerschöpfbarer Geduld ihre körperlichen und charakterlichen Schwächen gegenseitig ertragen.*

Benedikt hat keine Schwierigkeit, Geduld zu koppeln mit *glühender Liebe* und dem *guten Eifer.* Geduld ist auch für ihn etwas Starkes, Markiges und Lebendiges, auf jeden Fall etwas, ohne das eine vitale Gemeinschaft nicht gedeihen kann. Wenn etwas passiv ist an der Geduld, dann nicht ein „wahlloses Hinnehmen von Übeln", sondern das Absehen vom Ich im Aushalten des unendlich geduldigen Blickes, mit dem Gott die „unerschöpfbare Geduld" im Menschen weckt und ermöglicht. Geduld bewahre den Menschen davor, sagt Thomas von Aquin, *dass der Geist durch Traurigkeit zerbrochen werde und seine Größe verliere (ne frangatur animus per tristitiam et decidat a sua magnitudine).*

Geduldig ist demnach einer, der ganz unpathetisch, *sine tristitia,* Größe hat, mehr noch: Größe behält. Er behält sie auch im Alltag des Klosters, wo meist durchschnittliche Menschen sich im Laufe eines Lebens recht gut kennen lernen, mit ihren Licht- und Schattenseiten, mit körperlichen und charakterlichen Eigenheiten, die nicht immer fröhlich stimmen. Je nachdem wie einer dran ist, geht ihm der andere kräftig auf die Nerven. Er weiß schon von fern, wie der *sich räuspert, und wie er spuckt.* Reibereien sind vorprogrammiert, Ablenkungen gibt es wenige, oft ahnungslos bringt man einander aus dem Häuschen und ärgert gerade dann, wenn man es besonders gut meint. Es geht im Kloster zu, wie es eben unter Menschen zugeht. Schon der Apostel hat seine liebe Not mit seinen Gemeinden, bis dahin, dass er fürchtet, sie bei seinem Kommen nicht so zu finden, wie er sie zu finden wünscht. Benedikt kennt das alles. Je realistischer man sich den Hintergrund ausmalt, desto verständlicher wird die Dringlichkeit seiner Mahnung, einander zu ertragen, nicht nur einmal, sondern immer.

Das längste und spirituellste Kapitel in Benedikts Regel handelt von der Demut (RB 7). Ohne Demut ist Mönchsleben von vornherein zum Scheitern verurteilt. Bei Licht besehen, gilt das von jedem Menschenleben. Demut ist Wahrhaftigkeit. Das bedeutet, dass der Demütige sich sieht, wie er ist, dass er sich nicht ausweicht. Aber zugleich oder besser: zuvor noch weicht er der Wirklichkeit nicht aus. Zu ihr gehört nicht nur für Benedikt der wirkliche Gott. Allmachtswahn ist Lebenslüge. Der Demütige sagt Nein zu ihr.

Auch die Geduld reagiert auf die ganze Wirklichkeit. Ohne den Wirklichkeitsbezug ist Geduld nicht mehr als eine unter vielen Willensanstrengungen. Demut und Geduld gehören eng zusammen. Der Demütige wie der Geduldige lernen sich bescheiden im Gegenüber zur Realität. So werden die Augen hell.

Und sie werden hell namentlich für den anderen. Er kann wahrgenommen werden ohne den trüben Filter des Ego. Der Demütige kann zuhören, er hat Zeit für den anderen. Darin übt er immer zugleich Geduld ein. Vor Menschen einer solchen Askese hat man keine Angst. Von ihnen geht keine Gefahr aus. Sie sind bei aller Klugheit nachsichtig und gütig. Demütige Geduld lässt den anderen im Umgang, im Ge-

111

spräch und noch im Versagen frei. Er wird nicht bevormundet, er behält immer noch Raum für die eigene Verantwortung. Und es bleibt Raum, in dem er sich geborgen fühlen kann. Die Zuwendung erdrückt ihn nicht. Der andere ist für den Geduldigen nicht der Fremde. Er weiß sich verstanden. Zugleich kann er sich selbst besser wahrnehmen. Was nicht nur für heilsame Selbstkritik förderlich ist.

Weil Demut und Geduld mit Respekt und Zurückhaltung begegnen, ermöglichen sie Würde. In diesem Sinn gewürdigt werden ist eine tiefe Sehnsucht im Menschen. Und nicht nur in seinen Überzeugungen und Meinungen, sondern in seiner Unverwechselbarkeit möchte man gewürdigt werden. Gerade dafür hat der Demütige seinen geduldigen Blick. Er entdeckt im Sichtbaren das Unsichtbare des anderen. Es ist der Blick für das Mysterium, das jeder, wirklich jeder Mensch in sich trägt.

Vor allem dieser Blick kann die Geduld miteinander „unerschöpfbar" machen: Zusammenleben bekommt Farbe, noch nach Jahrzehnten sind Entdeckungen zu machen. Auch dort, wo der Schwung, die „erste Liebe" also, verloren scheint und manche sich nur so dahinschleppen, müde, verdrossen, mürrisch und mit wenig zufrieden, zeigt sich dem ausgehaltenen Blick, der geduldigen Achtsamkeit gerade im banal Sichtbaren das Unvermutete. Unterbrechungen lassen einander noch einmal anders kennen lernen als vorschnelle Urteile, die so oft daneben gehen. (Das kann einen gehörig beschämen, mit der Menschenkenntnis ist es also doch nicht so weit her!) Im Staunen über das unvermutet Gute im anderen kann Demut zusammen mit Geduld intensiver gewahr werden, worauf es ankommt. Wo man wie in Benedikts Klöstern für ein ganzes Leben zusammenbleibt, sind solche Überraschungen sogar lebensnotwendig. Sie setzen neue Energien frei, sie lassen die gemeinsame Gottsuche zu einem Abenteuer werden, zur Einübung ausgehaltener Blicke, wie sie in manchen Filmen als intensivierende Askese gerade erst wieder entdeckt werden.

3. Geduld ist etwas, das sich, wie gesagt, jeder Inszenierung verweigert. Geduld hat aber auch etwas Kämpferisches. Man braucht sie nicht zuletzt in schwierigen, gefährlichen Situationen.

„Sich mit Geduld wappnen", heißt es im Deutschen. „Sich wappnen" ist verwandt mit „sich (be)waffnen". Wer sich bewaffnet, rechnet mit Unangenehmem. Geduld gehört zur Rüstung dessen, der Feinde hat, der sich auf Angriff und Widerstand vorbereitet. Im geistlichen Kampf bittet der Christ seinen Gott, er möge ihm helfen, sich mit Kraft oder eben mit Geduld zu wappnen.

Für einen, der sich zu Christus bekennt, ist dieser Kampf das Normale. Die Schrift lässt keinen Zweifel daran. Sie sagt aber auch, mit wem zu kämpfen ist. Es sind nicht nur die greifbaren Hindernisse und die kalkulierbaren Widerstände. Es sind *Mächte und Gewalten der Finsternis* (Eph 6,12). Gerade das Nebulose macht den Kampf so unheimlich, und gewiss nicht nur damals, zur Entstehungszeit der Apostelbriefe. Stoffe wie Polonium, die keiner sehen, hören, ertasten, riechen kann, reichen in kleinsten Mengen aus, um unliebsame Gegner zu beseitigen. Wer sich nichts vormacht, wird realisieren, dass er auch heute solchen *Mächten der Finsternis* ausgeliefert ist, dass sie alles andere sind als anachronistische Angstträume einer verwirrten Phantasie.

Was richtet solchen Feinden gegenüber ein Sich-Wappnen mit Geduld aus? Gibt es überhaupt Waffen, mit denen man sich da sinnvoller Weise noch ausrüsten kann? Oder bleibt nur Flucht und Verzweiflung?

Nicht selten sieht es so aus. Für einen, der genau hinschaut, sieht Menschenleben insgesamt so aus, und nicht erst heute. Menschenleben ist etwas Unmögliches, solange einer nur auf sich setzt, nur auf die eigene Kraft. Menschsein heißt: angefochten sein. Wer sich nicht vorbeidrückt an der Wirklichkeit, weiß das. Was den Menschen ausmacht, seine Freiheit, ist von Anfang an bestrittene Freiheit. Warum schalten wir oft schnell ab, wenn die Schrift hier von *Anschlägen des Teufels* spricht (etwa Eph 6,11)? Gerade als Aufgeklärte sollten wir das Gültigbleibende in den alten Texten heraushören können. Es ist schon so: Der Mensch bleibt zuletzt hilflos, wenn er sich nicht helfen lässt.

Auf unseren Zusammenhang bezogen: Dem Menschen bleibt nur Verzweiflung oder Verdrängung – und auch sie ist Verzweiflung! –, solange er nicht stark werden will durch die Kraft und Macht dessen, der größer ist als er. Die Haltung aber, in der er solche Hilfe annimmt, ist demütige Geduld.

Noch einmal kann einem Mechthilds Mahnung in den Sinn kommen: *Wenn man deine Nichtigkeit tadelt, sollst du geduldig sein.* Man soll den Tadel seiner Nichtigkeit geduldig hinnehmen, meint sie. Aber was ungeduldig machen könnte, ist nicht eigentlich der Tadel, sondern die Betonung des Nichtseins. Das vor allem erträgt der Mensch so schwer. Er mag nicht schwach sein. Und so mag er sich seine Schwäche auch nicht durch Hilfe bestätigen lassen. Dennoch bleibt ihm buchstäblich nichts anderes übrig. Nur der Geduldige kann das aushalten und die Hilfe einem anderen verdanken.

Paulus gibt der Hilfe und dem Helfer einen Namen: *Zieht die Rüstung Gottes an* (Gal 6,11). Anders könnt ihr nicht standhalten. Das klingt demütigend, ist aber die Wahrheit. *Gürtet euch mit Wahrheit,* heißt es folgerichtig weiter. So erst wird der Mensch frei. Die Wahrheit macht ihn frei, wenn er sie in Demut und Geduld ergreift. Sich mit ihr „umgürten" ist schon ein Teil des Kampfes, denn im Entschluss dazu ringt der Mensch mit seinem Stolz. Wie überhaupt der Kampf, um den es hier geht, sich vor allem – man kann es nicht oft genug sagen – im menschlichen Herzen abspielt und entscheidet.

Erst von hier aus lässt sich erahnen, wieso Geduld zur Waffe werden kann. Sie ist sogar kampfentscheidend im Zentrum der Auseinandersetzung. Wachsamkeit, Nüchternheit, Ausdauer und Langmut, alles das gehört ja zur Geduld. Ein Stück weit liegt das noch im Bereich des Menschenmöglichen. Wo es aber um das Letzte geht, bleibt für den Glaubenden nur mehr eines: die Hoffnung auf Gott. Nur Gott kann ihn ausrüsten mit dem, was wirklich „unerschöpfbar" ist. Nur er kann es ihm geben als Waffe unüberwindlicher Ausdauer, als Durchhaltekraft und leidenschaftliches Darunterbleiben unter wirklich allem, was lastet, fordert oder bestreiten kann. In solcher Geduld lässt Gott den Funken einer ursprünglichen Berufung immer neu aufzucken, und nur er hält sie am Glühen, sei es in der Reibung an den Widerständen des Alltäglichen, sei es im Aufflammen durch außerordentliche Prüfungen.

Am deutlichsten erfährt es wohl der Beter. Er leidet unter dem Auseinanderklaffen von Bitte und Erhörung, er muss den langen Atem Gottes aushalten lernen. Das Einschwingen in den Rhythmus des Ewigen kann zur Zerreißprobe werden. Aber so erfährt der Beter Geduld nicht mehr nur als Kraft, die ihm von Gott her kommt, sondern so wird sie für ihn identisch mit Gott. *Du bist meine Geduld,* betet der Psalm (63,6). Und er, die Geduld in Person, macht nicht nur stark zu jedem Widerstand, er spornt den Beter an mit dem Feuer des Geistes, dass er nicht resigniert, dass er auch im Äußersten nicht aufgibt, dass seine Geduld in Wahrheit nicht erschöpft werden kann.

4. J.L. Barrault, dem großen französischen Schauspieler, stellt sich das Menschenleben dar im Bild einer Rennbahn mit sieben feurigen Pferden. Sieben galoppierende Pferde gleichzeitig zu beherrschen, sei *zweifellos keine Kleinigkeit,* meint er in seiner Autobiographie.[55] *Es sei denn, dass es ganz einfach ist.*

Einfach allenfalls für die Kunst, zu der Askese befreit? Über kurz oder lang sei der Sturz unvermeidlich – *da liegen wir und strecken alle vier Hufe in den Himmel.* Eine schier hoffnungslose Situation. Aber *brennt nicht in einer Ecke eine kleine Flamme weiter?* Ein Funkeln der „unerschöpfbaren" Geduld? Sie jedenfalls gibt nicht auf. *Immer wieder dieser kleine überdauernde Lichtschimmer.* Mehr braucht es nicht. So macht man weiter, so stürzt und stürmt man vorwärts auf der Rennbahn des Lebens. Und so geschehen dann die entscheidenden Dinge: Das Ich wandelt sich, man erlernt das Mit-Leiden, man übt sich in der Geduld, die nur empfangen kann, wenn sie sich hingibt.

Barrault spricht nicht von Gott. Aber seine Pferde werden gelenkt von einem Ziel. Das Bild ist genau. Und in aller stürmischen Dramatik ist es ein Bild der Freude, ein Bild hingegebener feuriger Ausdauer im Geduldspiel des Lebens.

---

55 Barrault, Erinnerungen, 350–355.

Geduld wird deutlich als Inbegriff letzter Unverwundbarkeit. Wie die Schrift sagt: *In eurer Geduld habt ihr euer Leben in Besitz* (Lk 21,19).

Auch die Schrift kennt das Bild der Rennbahn. Anders als Barrault benennt sie eindeutig das Ziel. Und sie benennt den Spitzensportler, der Tempo und Klima vorgibt. Im Hebräerbrief (12,2b, übers. Stier) heißt das so: *Mit Ausdauer lasst uns den vor uns liegenden Kampf anlaufen und hinblicken auf den Führer und Vollender: Jesus, der um der vor uns liegenden Freude willen ausharrte, das Kreuz der Schande nicht achtend, und sich zur Rechten des Thrones Gottes gesetzt hat.*

Das Ziel ist die Freude. Das Ziel ist – als die Freude – Jesus selbst, der den Glauben anführt und vollendet. Da und nur da wird Kampf identisch mit Leiden und geht Ausdauer zusammen mit Freude. Die Quelle des Glaubens ist zugleich sein Gipfel. Wie immer man für sich selbst entscheiden mag: Letztlich nur so wird Geduld „unerschöpfbar". Hildegard von Bingen bringt es in ein großes Bild: Sie nennt Geduld *die Säule, die von nichts erweicht wird.*

Geduld ist im tiefsten Gewissheit. Gewissheit in der Auseinandersetzung wie im Leiden, aktiv-passiv, zupackend und loslassend, hergebend und empfangend. So ist Geduld immer auch tapfer. Am nächsten verwandt ist ihr aber die Hoffnung. Und noch etwas verrät die deutsche Sprache: Man „übt sich" in der Geduld, heißt es. Die Übung hat also nicht nur die Geduld zum Objekt, die Übung verwandelt den Übenden. Indem ich mich übe, gewinne ich Format. Vielleicht sogar „meine" Form. Mit Barrault: *ohne Gier, aber glühend.*

7. GESAMMELTE GEGENWART

1. *Wenn ich schwieg und stillhielt, einige Augenblicke nicht atmete, nur horchte und stillhielt, konnte ich (ihn) hören.* Sieht so der gesammelte Mensch aus? Moderne Romane, die ihn so oder ähnlich umschreiben, haben insofern recht, als ohne Stillhalten, Schweigen und Horchen Sammlung nicht gelingen kann. Aber sie selbst verlangt mehr. Vielen ist das nicht klar. Sie leiden zwar unter der Beschleunigung, sie sind die Hetze leid. Das Bedürfnis nach Ruhe und Besinnung, nach Harmonie, nicht zuletzt nach Einklang mit der Natur kennen sie gut. Und sie merken durchaus, dass das übliche Tempo auf die Dauer krank macht, dieses Tempo, das man „Fortschritt" nennt, ohne zu wissen, wohin denn fortgeschritten wird.

Aber was kann man dem entgegensetzen? Was hilft gegen Hetze und Stress? Man versucht es mit Zen und Yoga, geht bei fernöstlichen Gurus oder deren Epigonen in die Lehre, belegt teure Meditationskurse oder lässt sich von Psychotherapeuten die Seele massieren. Doch allzu bald holt einen der Stress wieder ein. Methoden allein schaffen es nicht. Noch weniger Drogen und Alkohol.

Andere setzen auf Tapetenwechsel. Ruhige Landschaften wirken beruhigend. Die Zahl derer, die eine Zeitlang in Klöstern Abstand suchen, nimmt ständig zu. Musik, Museumsbesuch, die Begegnung mit interessanten Menschen lassen den Stress für einen Augenblick vergessen. Aber im Nu hat er einen wieder, man rudert weiter mit, es ist wie zuvor. Und wieder zeigt sich: Herumkurieren an den Symptomen hilft wenig. Man muss das Übel an der Wurzel packen.

Antike Weisheit kennt das Problem. So hat Lukrez ausprobiert, dass Ortswechsel oder Geselligkeit momentan erleichtern. Aber oft genug entpuppen sie sich als Flucht, der Erfolg bleibt aus. Lukrez spricht für viele, wenn er dichtet:

> *Also suchet sich jeder zu fliehen: umsonst. denn er selbst ist's,*
> *Dem er nimmer entfliehet, der wider Willen sich aufdrängt:*
> *Und das, weil der Behaftete nicht den Grund von der Krankheit*
> *Einsieht: säh' er ihn ein, er verließe das übrige gänzlich,*
> *Suchte der Dinge Natur vor allem zuerst zu erkennen.*[56]

Denn er selbst ist's. Also nicht nur die Umwelt, nicht die Umstände und Gegebenheiten, auch nicht nur die Anderen. *Er selbst ist's, der wider Willen sich aufdrängt.*

Das ist der wunde Punkt. Unruhe ist nie bloß äußerlich. Zuerst und zuletzt sitzt sie im Menschen selbst. Er ist *der Behaftete.* Also fordert Sammlung vor allem, dass er *das übrige gänzlich verließe* und, auf der Suche nach *der Dinge Natur sich hinkehrt in sein Inneres.* Dort entdeckt er das, wovor er vergeblich flieht, so lange er nicht lernt, die Krankheit als Teil der eigenen Person zu erkennen und gelassen anzuerkennen. Ohne die Annahme seiner selbst gibt es keine Befriedung, nicht einmal den Anfang einer Beruhigung erreicht man. Weil Selbstannahme nicht von selbst geht, braucht es die Einübung, braucht es Askese.

2. Zuvor aber: Was ist überhaupt Sammlung? Meistens versteht man sie rein psychologisch. Als gesammelt gilt da, wer

---

56 Titus Lucretius Carus, De rerum natura III, 1068.

sich von zerstreuenden Gedanken und Eindrücken frei gemacht hat, so dass ihn seine Launen, Wünsche und Stimmungen nicht mehr so leicht durcheinander bringen. Er distanziert sich von ihnen und bringt sie unter Kontrolle. Hilfreich dabei ist es, wenn etwas seine Aufmerksamkeit fesselt, sei es ein Gedanke, ein Tun, eine Sache, ein Bild oder ein Ziel oder auch ein Mensch. So verstandene „Sammlung" setzt man dann gleich mit Konzentration.

Sammlung ist aber nicht dasselbe wie Konzentration. Nicht von ungefähr gehört das Wort zum Urbestand des christlichen Sprachgebrauchs. Sammlung hat mit Person und ihrer Tiefenschicht zu tun. Der Gesammelte spannt sich nicht an wie die Bogensehne vor dem Pfeilabschuss, sondern er kehrt aus der Vielheit und Zerstreuung, aus Unrast und Verstrickung in tausenderlei Bedürfnisse in sich selbst ein. Er „sammelt sich", sagen wir sehr genau und meinen damit, dass er heimkehrt in die Mitte seiner selbst. So und dort beginnt Sammlung. Konzentration ist wertneutral und ist gewollt. Sammlung dagegen ist eine Ver-Sammlung der geistig-seelischen Kräfte in der Mitte der Person, die sich, wenn auch noch so leise, gerufen weiß von jenseits ihrer selbst.

So nur kann es gelingen. Der Gesammelte ist bei sich, nicht weil er analysierend „hinter sich kommen" will oder sich selbst genügt, sondern weil im Menschen schauend, horchend, bereitwillig das Verlangen nach Andersheit (Octavio Paz) erwacht. Sammlung geschieht wesentlich im Hören auf ein Nicht-Ich.

In etwa lässt es sich vergleichen mit dem Stop des Flugzeugs vor dem Start oder auch mit der Stille vor dem ersten Taktschlag zum Einsatz des Orchesters. Sammlung ist gesammeltes Geöffnetsein auf ein Anderes hin. Mit ihm will man Kontakt haben, mit ihm sich treffen, sich begegnen, wie es im Deutschen doppeldeutig heißt. Wie in einem Spiegel lässt personale Begegnung klarer erkennen, wer man ist, obwohl oder sogar vorausgesetzt, dass man sich absichtslos begegnet. Das gerade geschieht nicht in der apersonalen Versenkung und auch nicht in der angespannten Konzentration.

Eben deshalb kann asketisches Sich-Zusammennehmen, asketische Kontaktvermeidung, asketischer Auszug aus den geschaffenen Dingen und ähnliche Übungen nicht zur Sammlung führen. Solche Rückzugsversuche fördern eher das „fromm" verkrampfte Kreisen um sich, in dem man allzu leicht Gott mit dem narzisstischen Ich verwechselt.

Mit liebevoller Ironie sucht die Menschenkennerin Teresa von Avila ihren Schwestern genau dies klar zu machen. Es gibt Seelen, schreibt sie, *die sich emsig bemühen, das Gebet zu erfassen und mit niedergeschlagenen Augen und fest verschlossenem Gesicht darin zu verharren, damit ihnen ja kein bisschen Wonne und Andacht entgeht.*[57] Der wirklich Gesammelte ist nicht *fest verschlossen*, damit ihm *ja kein bisschen Wonne und Andacht entgeht,* sondern er ist von sich gelöst und daher von innen her offen. Von ihm kann etwas Leuchtendes ausgehen, das befreit und froh macht.

Sammlung ist Verweilen in gelöster Offenheit, ist ein Verhalten und ein Zustand, in dem das Kunststück gelingt, dass einer sich hat und zugleich sich lässt, dass er ganz bei sich ist und gerade so ganz auf das oder den anderen hin ausgerichtet.

Das will Askese hier erreichen.

---

57 Teresa von Avila, Seelenburg V 3,12.

Sammlung geschieht also nicht in der Anspannung des unmittelbaren Ichbewusstseins, sondern im entspannten Ineinander von Bei-sich-Sein und Begegnung. Sammlung ereignet sich in der Mitte des Menschen, im hörenden Herzen. Wenn Mystiker diese Mitte *Seelengrund* oder auch *des Geistes Innigstes* nennen („abditum mentis" sagt Meister Eckhart), lassen sie nicht nur den Bereich der psychologischen Analyse hinter sich, sondern sehen den Menschen ganz selbstverständlich als human-religiöse Einheit. Die großen Asketen der christlichen Geschichte waren meistens auch große Menschen. Die Unterbewertung des Menschlichen im Christlichen ist späteren Zeiten vorbehalten. Und immer dann wird Askese lebensfeindlich, und der Asket wird zum Neurotiker.

3. Heute ist zusammen mit dem Christlich-Religiösen aufs Neue das Humane bedroht. Man sehnt sich nach dem menschlichen Menschen, man sieht beklommen die Wüste des Inhumanen allenthalben vorrücken. Aber man bringt es kaum je über sich, christliche Quellen anzuzapfen, deren Vorhandensein man leugnet oder deren Versiegen man behauptet. Der postmoderne Mensch verdurstet neben der Quelle. Jürgen Habermas, der sich zu den „religiös Unmusikalischen" zählt, prägte den erstaunlichen Satz: *Die verlorene Hoffnung auf Auferstehung hinterlässt eine spürbare Leere.* Wie wahr!

Leere ruft nach Erfüllung. Auf unser Thema angewandt: Der Zugang zur ursprünglich christlichen Sammlung ist leichter zu finden, wenn man in ihr das Element des Humanen aufdeckt, ohne das wiederum Glauben und Beten an der Oberfläche bleiben.

Gemeinsam ist Christen wie Nichtchristen heute, dass sie sich mit Sammlung schwer tun. Zu vieles geht ungefiltert

durch den Kopf, Gefühle kommen und gehen unkontrolliert, Eindrücke jagen sich, nicht zuletzt die mediale Bilderflut verarbeitet keiner mehr. Das macht fahrig, man ist abgespannt, nicht aufgelegt, ist unansprechbar, will in Ruhe gelassen werden. Glaube und Religion als Kristallisationspunkte scheiden weithin aus oder haben ihre Vitalität eingebüßt. Damit ist niemand zufrieden. *Du musst dein Leben ändern*, ist die Botschaft des „Archäischen Torso Apollos".[58] Wer tut das schon?

In der Tiefe jedes Menschen nistet, sei es noch so unbewusst, ein nicht auszurottendes Verlangen nach Verweilen, nach Angekommensein und Angenommenwerden, mit einem Wort: nach Heimat. Man möchte nicht immerfort gehetzt werden, man möchte irgendwie vor Anker gehen, in etwas Wurzeln schlagen, in etwas zur Ruhe kommen, was das Leben bestimmt und prägt, sei es ein Mensch, den man gern hat, sei es eine Herausforderung, an der man reifen kann, sei es eine Bestätigung, in der man sich ausruhen kann. Dieses Etwas muss einem am Herzen liegen.

In Thomas Manns „Doktor Faustus" ist das Teuflischste, was man sich denken kann, der Preis für den Satanspakt: *Liebe ist dir verboten, insofern sie wärmt. Dein Leben soll kalt sein, darum darfst du keinen Menschen lieben.* Das ist ein Todesurteil. Entsprechend hört die heilige Brigitte den Teufel zu Jesus sagen: *Richter, ich bin die Kälte selbst.* Kälte macht, dass die Poren, leiblich wie geistig, sich schließen. Wem Liebe verboten ist, der erfriert bei sich und ist zugleich unfähig zur Begegnung. Höchste Leistung wird bezahlt mit der er-

---

58 Rainer Maria Rilke, Archäischer Torso Apollos, in: Ausgewählte Gedichte, Frankfurt am Main 1968, 58.

kalteten Seele. Der Mensch, der nicht lieben darf, macht sich und die Welt zur Hölle.

Sammlung wird da zum Fremdwort. Nicht zuversichtlicher stimmt, was Lehrer über ihre Erfahrungen mit Schülern berichten, die es nicht fertig bringen, auch nur ein paar Minuten lang still zu halten und zuzuhören. Man fragt sich beklommen, wie Jugend, die weithin sich selber nicht hat, die daher auch nicht wirklich begegnen und lieben kann, bei der also Sammlung die große Ausnahme und Überraschung ist, wie eine solche Jugend dem Leben gerecht werden und überhaupt leben kann.

4. Wie kann Sammlung gelingen, die Leben gedeihen lässt und fruchtbar macht? Es braucht dazu ein Herz, das reif geworden ist zur Gelöstheit. Gelöstheit, weil Einwilligung in das, was und wie es ist. *Liebe sagt: Es ist, wie es ist* (E. Fried). So „sagt" auch Sammlung. Sie hat aufs engste mit Liebe zu tun. Auch Sammlung gibt es nicht ohne Ja zu sich und zu seinem Schicksal, zu dem nicht abzuschaffenden Leid, zu denen auch, die einem begegnen oder zugeschickt sind und nicht zuletzt zu den eigenen Grenzen und Schwächen.

Dem Christen kommt hier eine Vorreiterrolle zu. Vorausgesetzt, dass er selbst ganz Mensch geworden ist, vorausgesetzt aber auch, dass er im Leben, wie es ist, das Kreuz nicht ausklammert oder verkürzt. Kreuz nicht zuerst als tötende Prüfung verstanden, sondern als Hilfe zur selbstlosen Liebe, als Einübung des Sich-Verfügenlassens von Gott und den Menschen, als Loslösung zum Einswerden mit dem Gekreuzigten, als Leben aus dem Tod. Die Erfahrung zeigt, dass erst so der Mensch im Innersten zur Ruhe kommt. Und dass er nur so bereit wird für die leise innere Stimme und für eine Begegnung, die ihn verwandelt zur Geistes-Gegenwart der Sammlung.

Was also kann der Mensch dazu beitragen, wie übt er Sammlung konkret ein?

Zuerst muss er zugeben, dass der Weg zu ihr so mühsam und weit ist, weil er gesündigt hat. Aus keinem anderen Grund. Wie die Bibel zeigt, irrt er darum heimatlos herum. Er hat nicht nur zwei Seelen in seiner Brust, er hat auch *so viele Wünsche gegen das Leben in der kleinen stinkenden Seele.*[59] Darin ähnelt er Kain oder Saul oder auch der düsteren Gestalt des Judas Iskariot. Von sich aus findet keiner aus der Zerstreuung und Ichverhaftung heraus. Die große Literatur bestätigt den biblischen Befund. Der Mensch ist ein Wesen der Ohnmacht und der großen Not. *Nur wenn du unser Ich sagst, wird es kein Gefängnis sein in Ewigkeit,* formuliert ein heutiges Gebet.[60]

Damit ist das Wichtigste für eine Einübung der Sammlung benannt: das Gebet. Aber wieso verhilft Gebet zur Sammlung? Was hat es mit Askese zu tun? Ohne die Einübung von Sammlung bleibt Gebet im Normalfall an der Oberfläche, das leuchtet ein. Gibt es aber nicht auch Sammlung als Frucht des Gebetes? und nicht durch Askese zu erreichen, sondern dem Wirken der Gnade zu verdanken?

Mancher Heilige hat Sammlung als Gebets*frucht* ignoriert. Man darf dann nicht beten, bevor man nicht gesammelt ist. Sammlung also als Voraussetzung für Gebet. Auf die Spitze getrieben, fast zwanghaft beginnt man mit dem Vaterunser oder dem Psalm von vorn, so oft sich irgendeine Zerstreuung einstellt.

---

59 Gottfried Bachl, Mailuft und Eisgang. 100 Gebete, Innsbruck 1998, 41.
60 Bachl, Gebete 13.

125

Darf man aber nicht auch ein zerstreutes Gebet seinem Gott anbieten, der nicht die Perfekten sucht, sondern die mit zerbrochenem Herzen? Dementsprechend formuliert Sören Kierkegaard eines seiner Gebete so:

Herr Jesus Christus, schwach ist unser eigener schlechter Sinn, nur gar zu gern lässt er sich ziehen – und so vieles will uns zu sich ziehen. Die Lust mit ihrer verführerischen Macht, das Mannigfaltige mit der verwirrenden Zerstreuung, der Augenblick und seine betörende Unaufschiebbarkeit, und die edle Mühe der Geschäftigkeit, die sorglose Zeitvergeudung des Leichtsinns wie das finstere Grübeln der Schwermut, all dieses will uns von uns selbst abziehen, zu sich hin, um uns zu betrügen.

Du aber, der Du die Wahrheit bist, nur Du, unser Heiland und Erlöser, kannst einen Menschen in Wahrheit zu Dir ziehen; und Du hast es ja versprochen, dass Du uns alle zu Dir ziehen willst. So gib denn, Gott, dass wir, indem wir in uns gehen, so sehr zu uns selber kommen, dass Du uns nach Deinem Worte zu Dir ziehen kannst – aus der Herrlichkeit, aber durch Geringheit und Erniedrigung.[61]

Ist ein solches Gebet nicht wahrhaftiger? Passt es zum wirklichen Leben nicht unverkrampfter als eine perfekte Gebetsleistung? Ist es nicht menschengemäßer, aber auch dem biblischen Gott entsprechender, so zu beten? Es macht jedenfalls Ernst damit, dass Gebet zur Sammlung hinführt, dass aber auch Sammlung zuletzt nicht erleistet werden kann, sondern dem sich Mühenden geschenkt wird vom Gott der Gnade.

---

61 Sören Kierkegaard, Gebete (hg. von Walter Rest), Köln 1952, 55.

Was also ändert sich, wenn ich Zeiten der Besinnung ein-
plane und einhalte, wenn ich mir täglich eine Zeit der
Sammlung vor Gott und seinem Wort vornehme, wenn ich
vielleicht allabendlich Rückblick halte auf das Geschehen
und die Versäumnisse, nicht nur die Erfolge des zu Ende
gehenden Tages? Was hilft selbst der geordnete Klostertag,
strukturiert durch das „Stunden-Gebet", also das gemeinsame Gebet zu den verschiedenen Tageszeiten, morgens,
mittags, abends, und dazu die Reduzierung der Außenein-
drücke im vorgeschriebenen gesammelten Schweigen?

Zweifellos prägt solche Disziplinierung der Zeit, über Jahre durchgehalten, prägen geregelte Begegnungen mit Gott
und mit den in der Kirche Versammelten den Übenden.
Sein Lebensstil wird ein anderer. Man merkt ihm an, dass
er bedenken lernt, *wie man sein soll im Angesicht Gottes
und seiner Engel* (RB 19,6). Er wird der Weisung näher
kommen, *das Vergessen Gottes ganz und gar zu fliehen*
(RB 7,10). Und er erfährt den wesentlichen Zusammenhang
von Sammlung und Gegenwart: Als Gesammelter lebt er
im Jetzt Gottes. Man wird es seiner Präsenz im Miteinander anmerken und seiner verlässlichen Arbeit. Nach und
nach wird ihm aber auch besser gelingen, dass beim Gebet *Herz und Stimme im Einklang sein* sollen (RB 19,7).
Nicht ohne Grund trägt dieses 19. Kapitel die Überschrift:
*De disciplina psallendi, von der (eingeübten) Haltung beim
Psallieren.*

Der Weltchrist kann das nicht einfach kopieren. Es bleibt
ein Problem für ihn, Anordnungen für Mönche auf sein Leben zu übertragen. Auch wird er relativ leicht die Einübung
der Sammlung wie des Gebetes reduzieren auf eine isolierte
Leistung des Menschen. Man würde sie damit aber zum Bu-
merang machen und wieder bei der *kleinen stinkenden Seele*

und ihrer rastlosen „frommen" Habgier landen. Das würde sie im Kern entwerten.

Das Problem ist aber auch eines für Mönche. Benedikt hält dafür ein erhellendes Wort bereit: *Cum ad opus divinum assistimus*, heißt es im 19. Kapitel: Wir sind nur Assistenten bei Gottes Werk. Über die Klostermauern hinaus und auch jenseits von Liturgie und Regel hat das Geltung für alles, was Menschen überhaupt zustande bringen. „Opus Dei" ist nicht nur das Offizium einer Klostergemeinde. Gott wirkt in allem, was Menschen tun. Ohne Gnade kommt nichts zustande.

Wenn man unsere Zeit „gnadenlos" nennt, legt man den Finger auf diesen wunden Punkt. Man „leistet" pausenlos, man „leistet" sich Glücksutopien ohne Hoffnung, man malt sich Lebensszenarien aus ohne Leid und Tod. Wieso begegnet man dann aber in unserer Leistungsgesellschaft auf Schritt und Tritt Verzweifelten, die, aufgeklärt verstummt, nicht leben und auch nicht sterben können?

Der Christ, so weit er es (noch) ist, weigert sich, die Welt überhaupt und unsere Zeit im Besonderen für „gnadenlos" zu halten. Dafür hat er den umfassenden Anhauch göttlicher Kräfte zu deutlich erfahren. Auch hat er die Entdeckung gemacht, dass in jedem Sterben und Auferstehen etwas von dem sich ereignet, was vor zweitausend Jahren geschah. *Jesus hat die Erlösung gebracht wie ein Symbol, das aus dem Tod ein überwältigendes Wunder macht und uns zur Verfügung steht wie ein Werkzeug, wenn wir Leid und Tod zu verarbeiten haben*, meint einer, der sich selbst für einen nicht mehr ganz gläubigen Christen hält.[62]

---

62 Hermann Kurzke/Jacques Wirion, Unglaubensgespräch. Vom Nutzen und Nachteil der Religion für das Leben, München 2005, 221.

Dem wird auch der gläubige Christ in der Hauptsache zustimmen. Zuerst und zuletzt und immerzu braucht es die Kraft Christi. Es braucht seine Gnade, damit einer sich verzeihen lässt und sich selbst verzeiht. Es braucht, auch wo es einem nicht bewusst wird, die alles sammelnde Liebe des am Kreuz Durchbohrten. Ohne sie gibt es keine Ver-Sammlung der in sich zerrissenen Menschheit, ohne sie kommt kein Mensch zum Frieden und zu seiner Identität.

Ein Gekreuzigter als identitätsbildendes Symbol einer großen Religion – das ist im Grund ein Schock, das gibt es sonst nirgends, lese ich bei dem eben Zitierten weiter. Für ihn liegen im Verschweigen und Übersehen des Kreuzes *die tiefsten Gründe für die derzeitige Schwäche des Christentums.*[63]

Mit gleicher Berechtigung kann man daran die Unfähigkeit zur Sammlung festmachen.

5. Darüber hinaus ist der Glaubende davon überzeugt, dass der Mensch seine wahre Mitte und Identität nur in Gott und also nur in Christus finden kann. Daher verlangt von ihm die Einübung der Sammlung, dass er sich in allem und über allem verlieren lernt an den Gott Jesu Christi, will er sich in Wahrheit finden. Nach und nach wird er mit Paulus sagen können: *Es lebt nicht mehr mein Ich, Christus lebt in mir* (Gal 2,20).

Das Kunststück des humanen Bei-sich-Seins auf Begegnung hin, nun wird es zum Mysterium der Gnade. Denn die Existenz des Christen gründet, objektiv gesehen, nicht mehr im „natürlichen" Menschen, der in seiner Ichzentriertheit begegnungsunfähig ist, sondern in dem neu geschaffenen Leben

---

63 Ebd. 80.

„in Christus". Je mehr einer in der Konsequenz seiner Taufe von sich absehen lernt, indem er sich in Christus verliert, desto mehr ist er bei sich. In der ganz persönlichen Erfahrung seines Glaubens nimmt er wahr, was die Theologie mit „Ebenbild Gottes" meint.

Wer zur menschlich-christlichen Sammlung kommen will, muss vor allem dies einüben: Tag für Tag sich zurückholen vom eigenmächtigen Pflücken des „Apfels", sein selbstsüchtiges Begehren lassen lernen. Anders erfährt er nicht die Verwandlung, in der sich der Schwerpunkt seines Lebens vom Ich fort auf Gott und in ihn hinein verlagert.

6. Hier begegnen sich die Weisen der Antike mit den großen Meistern christlicher Mystik. Für sie ist Sammlung eine unverzichtbare Bedingung des geistlichen Lebens. Sie ist die wesentliche Grundübung dessen, der Gottes Wort und Weisung vernehmen will. Ohne sie bleibt jedes Gebet unbeständig, treibt das Leben an der Oberfläche, ist der Mensch geistlich taub und blind. Vor allem bleibt er ohne die Kraft, sich und den anderen zu lieben.

Für Meister Eckhart bedeutet Sammlung – im Unterschied zu anderen Mystikern – nicht „fromme" Unbrauchbarkeit für weltliche Dinge, sie zielt nicht auf die Abtötung der Sinne, sie will gerade eine Erhöhung der Sinnestätigkeit im *Lichte der Seele*. Anders kann die Einkehr in den eigenen Grund nicht gelingen, und Sammlung auf dem Fundament der Gelassenheit bleibt unerreichbar.

Die eigentlichen Gegensätze, durch die Sammlung erschwert oder gar verhindert wird, sind also nicht Kloster und Welt, Tätigsein und Innerlichkeit, Schweigen und Beten, Maria und Martha (vgl. Lk 10,38-42). Wirklich unvereinbar ist pubertäre Selbstumkreisung mit reifer, welterprobter Innerlichkeit und Gelassenheit. Keine asketische Vermeidungshaltung also, kein Verzicht als Zweck an sich und als „fromme" Leistung kann Sammlung erreichen. Der verordnete Abstand von Dingen und Menschen im Sinn des Merkspruchs *Halte den äußeren Menschen in Stille* ist für Meister Eckhart ausgesprochen hinderlich. Oft genug versteckt sich dahinter ja die Angst des „Ich" um seine geistliche Vollkommenheit.

Was zur Sammlung verhilft, ist *eine geistvolle Indifferenz in ihrem (der Dinge) Gebrauch,* wie man treffend die Gelassenheit umschrieben hat.[64] Hilfreich ist die ruhige Tätigkeit, die von den Umständen unabhängig bleibt, weil sie getragen wird von gelöster Innerlichkeit, ist vor allem vorgeschriebenem Schweigen ein verantwortetes Reden aus erfüllter Einsamkeit, ist das Loslassen des Eigenwillens in Selbstbeherrschung und Selbstverleugnung, in Geduld und Verträglichkeit, ist vor allem und in dem allen der Mut zum Vertrauen, mit dem einer aufrichtig beten kann: „Auf dich, Herr, verlasse ich mich".

Ins Leben übersetzt, kommt das einem Sterben gleich. Sehr konkret wird da der letzte Tod vorgeübt. Und in einem Augenblick der Gnade kann einer, der sich so zu verlassen oder auch zu „ent-werden" wagt, den tiefsten „Abschied" erfahren, in dem Gott um Gottes willen verlassen wird. Der Mensch realisiert dann Gottes Unbegreiflichkeit, Gottes Mysterium, das alles Denken und Wollen, alle selbstgemachten Bilder und Vorstellungen aufhebt. Alles, was du Gott nennst, ist nicht Gott, sagt ein solcher Mensch und lässt sich schweigend fallen in ihn hinein.

---

64 Andreas Schönfeld, Meister Eckhart. Geistliche Übungen. Meditationspraxis nach den „Reden der Unterscheidung", Mainz 2002, 45.

Bis der Mensch wesenhaft in der Sammlung lebt, braucht es den asketischen Kampf. Das unmittelbar zu Erlebende: das Hin- und Hergezogenwerden, die ermüdende innere Leere und Unzulänglichkeit, das ständige Versagen ist dabei das Eine. Das Andere ist die tiefe Freude aus der Geborgenheit in Gott, ist die Gelassenheit, die in der Tiefe trägt und mitten im Tagesgetümmel Gott neben sich weiß. Man hat das „Kontrasterfahrung" genannt. Wer etwa Tröstung im Nicht-Getröstetsein erfährt oder Frieden im Streit, wer einverstanden sein kann im Unbegreiflichen oder in der Beraubung glücklich, wem dergleichen begegnet, was seine Kraft unendlich übersteigt, für den meldet sich darin, nicht zu beweisen und nicht zu widerlegen, der Eine, von dem er sich „gezogen" fühlt wie Eisenspäne vom Magneten, noch ehe er sich auf ihn hin sammeln kann. Das wiegt die Mühe des Übens unvergleichlich auf. Sammlung lässt sich dann erfahren als Gottes Präsenz.

7. Unter den lebensnahen und lebensprühenden Bildern der großen Mechthild von Magdeburg findet sich das Weinfass. Im zermürbenden und verschleißenden Alltag ist das Fass marode geworden und kann seinen Inhalt nicht mehr halten. Im Dialog mit Frau Minne, der Liebe zum Leben, beklagt die resignierte und abgestumpfte Seele ihre Ratlosigkeit. Sie hält sich an die Ordnung ihres Ordens. Sie begeht keine schweren Sünden. Sie beachtet die Regeln der Askese im Fasten und Wachen. Aber obschon sie meint, dass sie mit dem allem *schon sehr hoch stehe,* ist es nicht gut bestellt um ihr geistliches Leben. Die Seele ist eingeschlafen und unansprechbar für die Liebe zum Leben geworden.[65]

Das marode Weinfass steht für ein Leben, das trotz aller Treue zu den geistlichen Regeln unmerklich entgleitet. Wie

---

65 Mechthild von Magdeburg, Das fließende Licht der Gottheit II,23.

das rissige und brüchige Weinfass kann die Seele den Wein der Geisterfülltheit nicht mehr halten, sie ist unbrauchbar geworden. Tiefer gesehen zeichnet Mechthild damit ein Leben, das „ital" geworden ist, also „eitel" im Sinn von leer, nichtig, wertlos, vergeblich. Eine Befindlichkeit, die schon im frühesten Mönchtum als schwere Erkrankung des geistlichen Menschen gekannt und gefürchtet wird. Man nennt sie „acedia", geistliche Lustlosigkeit und sich ekelnde Depression.

Im Bild des unbrauchbaren Weinfasses unterstreicht Mechthild, dass die „acedia" unfähig macht, etwas zu bewahren. Sie zeichnet darin ein Gegenbild von Sammlung. Gott kann in dieses Gefäß noch so viel guten Wein gießen: Er läuft aus. Da verdorrt alle Freude und Begeisterung, das Leben vertrocknet, der Mensch wird bitter und unansprechbar. Im Dialog sucht Frau Minne die in sich verkrümmte und verkrochene Seele aufzuwecken und herauszulocken aus ihrem Gefängnis: *Eia, Liebe, nun lass dich wecken,* sagt sie ihr die Lust am Leben ins Ohr. Und sie lässt nicht locker in ihrem Bemühen, bis sie die Seele in das Leben hinüberführt, das aus ihrer, der Liebe, Kraft gelebt wird. Plötzlich brechen alle Barrieren zusammen. *O weh, wo bin ich gewesen, ich armselige Blinde, dass ich so lange lebte ohne große Minne,* antwortet die befreite Seele und beginnt wie neu geboren wieder zu atmen.

Mechthild zeichnet im Bild des Weinfasses die Heilkraft des Gebetes, das der Dialog zwischen Frau Minne und der Seele darstellt. Man kann im maroden Fass aber auch den sündigen Menschen erkennen, der im Wasser der Taufe die Heilkraft des Blutes Christi erfährt. In seinem Tod wird er neu, um sein Leben in die Hand zu nehmen. Im Alltag wie in den großen Umbrüchen kann der Getaufte nun begeistert, also vom Geist gedrängt leben, was ihm der Augenblick auferlegt.

Mechthild nennt die Kraft dazu *gegenwürtigkeit*, „Gegenwärtigsein". Damit ist die wache Geistesgegenwart des Wiedergeborenen gemeint und gefordert. Sie ist die Gabe des Geistes Gottes. Letztlich sie verwandelt den übenden Menschen und holt ihn heraus aus seiner Zerstreuung und Rastlosigkeit. Sie ist die Lebenshaltung, die man Sammlung nennt.

8. GEBET UND GOTTES SIEG

I. Gebet ist das Einfachste, was ein Mensch tun kann, und zugleich das Schwierigste. *Simpliciter intret et oret - er trete einfach ein und bete,* heißt es in der Benediktusregel (52,4). Das ist wirklich nicht schwer. Das geschieht spontan, und es soll häufig geschehen (RB 4,56: *orationi frequenter incumbet - er soll sich häufig zum Beten niederwerfen*). Offenbar geht es da um das stille persönliche Gebet. Vom Stundengebet ist in anderen Kapiteln die Rede.

Benedikt richtet sich an Mönche. Der normale Weltchrist wird es nicht so oft in seinem Tag unterbringen. Aber auch für ihn gilt, dass Beten das Einfachste ist, was er tun kann. Man muss sich nur „gehen lassen". Das heißt hier nicht, sich hängen lassen, sondern hier meint es: Man muss auf sein Herz hören. Da wird man entdecken, dass dieses Herz Hunger hat nach Gott und also nach dem Gebet, wie das Neugeborene nach der Mutter. Beten ist so einfach wie Gestilltwerden (vgl. Ps 131,2). Anders kann der kleine, aber auch der erwachsene Mensch nicht leben. Dazu braucht es keine Askese.

Aber das, was Gebet schwierig macht, das braucht sie. Vor allem braucht das lärmende und habgierige Ich die Einübung und den Impuls, sich selbst los zu lassen. Der Mensch muss darum kämpfen, *aus der Tür meines Ich hinauszugehen, nicht weil ich es wünsche, sondern weil ich gerufen bin und antworten muss.*[66]

---

66 Thomas Merton, Der Mönch der sieben Stufen. Ein Leben in Selbstzeugnissen, (hg. Patrik Hart/ Jonathan Montaldo) Düsseldorf 2000, 214.

2. Wie also sieht Askese beim Beten aus? Normalerweise braucht Gebet Vorbereitung und Einstimmung. Das bedeutet: Gebet gelingt nicht ohne eine gewisse Zucht, nicht ohne ein Sich-Zusammennehmen. Anders kann man den Lauf des Alltäglichen nicht unterbrechen, um zu beten. Verzichtet werden muss auch auf Zeit. Man „nimmt sie sich". Man „verschwendet" sie, wenn man betet, gleichgültig, ob liturgisch oder persönlich informell. Und oft ist es gerade eine Zeit, die von den Franzosen „temps fort" genannt wird, starke, schöpferische Zeit wie die Stunden am Tagesbeginn oder andere Stunden, in denen die Kraft noch frisch ist. Zucht und Verzicht sind aber asketische Vollzüge. Hinzu kommt, dass Gebet oft ohne messbaren Erfolg bleibt. Wer hat das noch nicht erlebt? Die Antwort bleibt aus, namentlich das Bittgebet richtet scheinbar nichts aus. Dann trotzdem beten heißt Askese üben.

Überhaupt alles, was unter die Frage fällt: Was bringt Gebet? was bringt es mir? verlangt ein gehöriges Stück Entsagung und Ausdauer von dem, der vom Beten nicht ablässt. Meistens ist da ja nichts Verrechenbares. Darum auch antwortet ein Camaldulensermönch auf die Frage, was am monastischen Leben das Schwerste für ihn sei: *Auf die Dauer gesehen, ist es der Mangel an Erfüllung.* Er meint die Erfüllung durch erbrachte Leistung, er meint das Erfolgserlebnis. Zweifellos gilt dieses Vermissen, dieser Mangel an Erfolg nicht nur vom kontemplativen Leben insgesamt, sondern besonders schmerzlich von seinem Kernstück, vom Gebet.

Vielleicht ist das einer der Gründe, weshalb so viele heute nach Methoden verlangen. Der von Technik geprägte Zeitgenosse meint, wenn er nur das know how kennt, erreicht er, was er will. Also übt man das Sitzen, Stehen, Liegen, Atmen, lernt seinen Körper fühlen, verbietet sich das Denken, versucht, die vielen Bilder und Eindrücke los zu lassen, übt sich darin, leer einzugehen in die große Seinsfühlung. Die Meditationskurse sind ausgebucht. Merkwürdig nur, dass die spirituelle Überlieferung – in Übereinstimmung mit dem Evangelium – von Methoden so wenig hält. Zeigt sich darin eine Minderbewertung des Körperlichen? Oder hatte vordem der Gott der Gläubigen einen anderen Stellenwert?

Schalom Ben-Chorin beruft sich auf die jüdische Tradition: „Die früheren Frommen pflegten eine Stunde zu warten, ehe sie beteten, um ihr Herz zum Allgegenwärtigen zu wenden", zitiert er Berachoth 30b. Und er kommentiert für heutige Gebetswillige: „Die seelische Bereitschaft muss erst hergestellt werden, um den Menschen in die Gebetshaltung zu überführen, die sein Gebet sinnvoll macht".[67]

Entscheidend ist demnach die seelische Bereitschaft. Das Herz muss sich wenden, und zwar zum Allgegenwärtigen hin. Unerwähnt bleibt alle „Technik". Mindestens interessieren die vielen Meditationsübungen nicht, mit deren Hilfe, wissenschaftlich abgesichert oder auch fernöstlich initiiert, heutzutage Transzendenzerfahrungen erzwungen werden sollen. Wem es um den Allgegenwärtigen geht, der verzichtet auf Zwang. Er ist immun gegenüber dem Versucherischen, das Methoden innewohnen kann und das suggeriert: Wenn ich das und jenes übe, „erleiste" ich mir den Erfolg, mache ich mir Gott willfährig, erzwinge ich mir im tiefsten das, was nicht er will, sondern ich.

Nicht jede Meditationsübung steht so zu Diensten nur des Menschen. Aber jede kann zur Versuchung werden, dass

---

67 Das Gebet im Judentum, in: Schalom Ben-Chorin, Reiner Kaczynski, Otto Knoch, Das Gebet bei Juden und Christen, Regensburg 1982, 11.

nämlich der Mensch sich selbst zum Ziel verhelfen will oder sogar sich zum Ziel macht.

Nach Meister Eckhart, auf den sich die verschiedensten Gruppen heute berufen, ist „Abgeschiedenheit" nicht nur ein Schlüsselwort seiner geistlichen Lehre, sondern bedeutet die unbedingte Absage an jegliche Methodik. Mit Tauler und Seuse hält er daran fest, dass die Transzendenzerfahrung vonseiten Gottes grundsätzlich ungeschuldet ist. Damit wird für ihn nicht jede Vorbereitung überflüssig. Aber absolut maßgeblich ist die Ungeschuldetheit der Gnade. Sie bleibt unabhängig von menschlichen Leistung, auch wenn man sich noch so fromm bemüht. Im Mittelalter sprach man von einem *Deo cogere*, einem sich *für Gott Sammeln*. Darin, nicht im *Gott Zwingen*, wie manche übersetzen, besteht der Part des Menschen. Er soll sich im Warten auf Gott hin öffnen. Ob und wie Gott sich dann einfindet, sich schenken will, liegt bei ihm. Er ist der Herr. Ich kann nur Raum schaffen für ihn. Indem ich ihm die Regie übergebe, beginnt sein, Gottes, Reich.

Vielleicht möchten auch wir wissen, was die Karmeliterinnen von Avila ihre Priorin Teresa fragen: wie man nämlich die Gotteserfahrung erlangt, ohne sie zu erstreben. Teresa antwortet, dass man sich wohl danach sehnen solle, dass es aber *kein besseres Verlangen gibt, als das, was ich euch nannte: nämlich nicht danach zu streben.*[68] Jahrhunderte später wird die französische Jüdin Simone Weil ganz ähnlich von einem *éffort negativ* sprechen, einer Anstrengung also, die keinen Zwang ausübt. Worauf man aber nicht verzichten kann, ist die Askese eines frei lassenden Wartens.

---

68 Theresia von Avila, Die innere Burg, 1966, 70.

3. Warten, mit dem Gebet beginnt, ist anders als Becketts „Warten auf Godot". Bei Beckett wird ohne Hoffnung gewartet. Es ist ein Warten, das seine Hoffnungslosigkeit irgendwie genießt. Davon kann beim Gebet keine Rede sein. Warten auf Gott hat eine Verheißung. Keinen Termin. Keine Kalkulation. Aber eine, seine Verheißung. Wo aber Verheißung ist, da ist auch Hoffnung.

Erhofft, erhofft habe ich Ihn,
und er hat sich mir geneigt,
hat mein Stöhnen gehört (Ps 40,2. Buber).

So wartet, so betet der Psalmist. Gott hört und erhört, der Beter hat es erfahren. Er persönlich und er als einer in der Versammlung der Betenden. Sein Warten weiß sich getragen vom großen Strom derer, die nicht vergeblich warten. Das ist sehr anders als heutiges Warten inmitten von Ausschau Haltenden, die nicht wissen, wonach oder nach wem. Wenn ringsum so viele gleichgültig und erwartungslos dahinleben, ratlos, resignierend, auch zynisch, im letzten vereinsamte Brüder der Typen Becketts, dann ist es nicht leicht, im Warten auszuhalten. Um so weniger ist auf diese Askese zu verzichten.

Es gibt auch heute Menschen, die nicht resignieren, die im Warten schon das Positive erfahren haben. Der „dumme" und heilige Pfarrer von Ars war so einer. *Das ist die schöne Aufgabe des Menschen, zu beten und zu lieben*, predigt er. Und: *Wenn ihr betet und liebt, seht, das ist das Glück des Menschen auf Erden.* Die bitterarmen Pfarrkinder nehmen ihm das ab. Man glaubt ihm, dass sein Warten schon eine Erfüllung gefunden hat, *ein Licht, das ihn wunderbar umleuchtet. In dieser tiefen Vereinigung sind Gott und die Seele wie zwei ineinander verschmolzene Kerzen, die keiner mehr trennen kann.* Dieser kleine, bettelarme Pfarrer sagt es so, dass

139

man ihm zuhören muss. Er ist kein Phrasendrescher, bei Gott nicht! Hinter vorgehaltener Hand sagt man sich, dass Satan nachts über ihn herfällt und ihn verprügelt, dass er aber nichts ausrichten kann, weil sein Opfer nicht davon ablässt, auf Gott zu warten. Weil er im Hunger den Geschmack des Brotes nicht vergessen hat. Weil er in der Offenheit seines Wartens die Hellsichtigkeit einübt, die mitten im Sichtbaren, mitten in der Eingrenzung durch die natürlichen Sinne und sicher auch unter den teuflischen Attacken das Herz wach bleiben lässt für den ganz anderen Schritt des kommenden Herrn. Ganz so wie der Bauer, der auf die Frage, was er denn so lang in der Kirche mache vor dem Tabernakel, die Antwort gibt: *Er schaut mich an, und ich schaue ihn an.*

Wer so warten lernt, verspürt und verkostet von innen, auch in der Leere, auch in der Verlassenheit, dass er nicht vergeblich wartet. Er übt es ein, die Spannung auszuhalten zwischen Leere und Fülle, zwischen Erfolglosigkeit und Fruchtbarkeit, zwischen Loslassen und Ergriffenwerden. Er übt die geistliche Offenheit ein.

Sie ist unentbehrlich für sinnvolles Gebet, unentbehrlich für das gesamte Leben aus dem Glauben. Sie gehört *zu den grundlegenden Kennzeichen eines Menschen, der das Geheimnis des auferstandenen und erhöhten Herrn im Ernst realisiert* (Fr. Wulf). Darauf allerdings kann man nicht verzichten.

4. Zu den Erfahrungen, die der Beter macht, kann auch der Widerstand gehören. Überall und immer weiß er sich von Gott gesehen. Das kann ihn glücklich machen, es kann ihm Geborgenheit schenken. Es kann ihm aber auch lästig und sogar unerträglich werden. Manès Sperber wirft Steine gegen den Himmel, Jean Paul Sartre rebelliert gegen den Allgegenwärtigen und sagt ihn tot. In Psalm 139 versucht der Mensch,

Gott zu entfliehen, äußerlich und innerlich. Fassungslos stellt er fest, dass er ihm nicht entkommt. Er experimentiert mit Gottes absoluter Überlegenheit bis zum Äußersten. Wie Ijob sehnt er sich danach, dass Gott nur für einen Moment wegschaut, damit er wenigstens einmal unbeachtet schlucken kann. Wie schwer fällt uns Menschen, anzuerkennen, wie viel größer Gott ist und wie genau er einen durchschaut.

In irgendeiner Weise wird jeder beim Beten dessen Anspruch erfahren. Frieden bedeutet es, jenseits seiner selbst bewusst und wahrhaftig zu sein. Kampf bedeutet es, dem Ruf zur Selbsttranszendenz zu gehorchen, aus der Tür seines Selbst hinauszugehen, *weil ich gerufen bin.* Bewusst und wahrhaftig sein, auch jenseits unser selbst, das wollen wir, doch gehorchen, das wollen wir nicht. Jedenfalls nicht ohne weiteres. Den Zwiespalt zwischen Verlangen und Widerstreben muss der Beter aushalten. Jenseits von bloßem Erdulden wie von Aktivismus wird damit Gebet zum Ringen mit Gott.

Wer der Auseinandersetzung ausweicht, macht sich selbst etwas vor. Wer dagegen den Kampf riskiert, wird sehr bald merken, dass er sich mit einer Macht einlässt, die restlos alles fordert.

Das kann aggressiv machen, es kann bis zum Äußersten reizen. Oder man verkriecht sich in der Höhle, um wie Elija die Stimme zu hören: *Was machst du hier, Elija?* (1 Kön 19,9). Viele stellt uns die Bibel vor, die von Gott herausgefordert sind, im wörtlichen wie im übertragenen Sinn. Da fühlt der Mensch, der sein eigener Herr sein will, in sich den Widerstand hochkommen. Allerdings gegen wen?

Wohl zerschmettert Mose in seiner Wut die Gesetzestafeln. Wohl kommt Ijob schier an kein Ende damit, Gott als furchtbaren Angreifer in seiner schrecklichen Größe zu schildern. Jeremia, angefüllt mit Groll, klagt über sein Los, steigert sich sogar bis zum unerhörten Zweifel an Gottes Treue: *Wie ein versiegender Bach bist Du mir geworden, ein unzuverlässiges Wasser* (Klgl 12,1). Aber wenn er trotzig sagt: Ich will nicht mehr an ihn denken, so ist es, als brenne *in meinem Herzen Feuer* (19,9). Er hält es nicht aus, Gott zu vergessen. Jona seinerseits protestiert gegen Gottes Auftrag, er flieht, und schließlich will er wie Elija am liebsten sterben. Doch bei allen diesen Herausgeforderten macht man die aufregende Entdeckung, dass es trotz allem in der Bibel Widerstand gegen Gott nicht gibt. Es gibt ihn nur als Gebet. Mit Gott wollen sie unter allen Umständen im Gespräch bleiben. Noch der dunkelste Psalm, der kein Blatt vor den Mund nimmt, verflucht wohl die Bösen, aber nicht Gott. Er, Gott, hat und behält Recht, auch wo nichts mehr zu sehen und zu begreifen ist.

Aggression gegen Gott, Widerstand gegen seine Hoheit oder gar Verneinung seiner Existenz ist der Moderne und Postmoderne vorbehalten. Ein Glück für Gott, heißt es da, dass es ihn in einer Welt wie dieser nicht gibt!

Und dennoch findet man auch in jüngster Vergangenheit Beispiele eines widerstehenden Glaubens, den man nur „biblisch" nennen kann. Es gibt ihn im Festhalten an Gottes Allmacht und Güte, zusammen mit Gottes Gerechtigkeit, mag auch die Frage, wie alle drei Eigenschaften zusammen passen, sich auswachsen zur Aporie und Gott damit immer unbegreiflicher werden.

Widerstand im Gebet als Ringen mit Gott zeigt beispielhaft Jossel Rakovers „Rede" aus dem jüdischen Ghetto von Warschau. Der litauische Jude Zvi Kolitz hat im New Yorker

Exil diese „Rede" verfasst, der deutsche Journalist Paul Badde hat sie mit kriminalistischem Scharfsinn aufgespürt, aus dem Jiddischen übersetzt und herausgegeben.[69]

Da geht es nicht um die übliche, bisweilen akademische Frage nach dem Sinn des Leidens Unschuldiger, auch nicht um die Rechtfertigung speziell des Bittgebets gegenüber einem schweigenden Gott. Es geht um die sehr konkrete Auflehnung gegen den Gott Israels in der Hölle des brennenden Warschau. Der da betet, wird im nächsten Augenblick sterben. Wie aber stirbt er? *Ich sterbe ruhig, ... als ein Liebhaber Gottes, doch nicht als sein blinder Amen-Sager.*

Und er erinnert die Geschichte eines Juden, der mit Frau und Kind der spanischen Inquisition entkommen war und sich auf einem winzigen Boot über stürmische See zu einer steinigen Insel durchgeschlagen hatte. Der Blitz erschlug die Frau, ein Wirbelsturm schleudert sein Kind ins Meer. Allein, elend, hinausgeworfen wie ein Stein, die Haare zerzaust und die Hände erhoben zu Gott, nicht gegen Ihn, betet er: *Gott Israels, ich bin hierher geflohen, dass ich Dir ungestört dienen kann, um Deine Gebote zu tun und Deinen Namen zu heiligen. Du aber tust alles, dass ich an Dich nicht glauben soll. Wenn Du aber meinst, dass es Dir gelingen wird, mich mit diesen Versuchungen vom richtigen Weg abzubringen, ruf' ich Dir zu, mein Gott und Gott meiner Eltern, dass Dir alles nichts helfen wird. Magst Du mich auch beleidigen, magst Du mich auch züchtigen, magst Du mir auch wegnehmen das Teuerste und Beste, was ich habe auf der Welt, und mich zu Tode peinigen – ich werde immer an Dich glauben. Ich werde Dich immer lieb haben, immer – Dir selbst zum Trotz.*

---

69 Zvi Kolitz, Jossel Rakovers Wendung zu Gott. Zweisprachige Ausgabe, Berlin o.J.

Jossel Rakover, einer der Letzten im „Warschauer Aufstand",
macht sich dieses trotzige und gerade so tieffromme Gebet
zu eigen. Gott und er sind ineinander sozusagen verkeilt,
keiner lässt vom anderen ab. So heißt es auch schließlich:
Und das sind auch meine letzten Worte an Dich, mein zor-
niger Gott. Es wird Dir gar nichts nützen! Du hast alles ge-
tan, dass ich an Dir irre werde, dass ich nicht an Dich glau-
be. Ich sterbe aber gerade so, wie ich gelebt habe: als unbe-
irrbar an Dich Glaubender.

Der große Text endet mit dem Lobpreis Gottes in der Gewissheit, dass Gott bald sein Gesicht wieder vor der Welt
enthüllen und mit seiner allmächtigen Stimme ihre Fundamente erschüttern wird. Und Jossel beschließt sein Leben
so, wie es viele vor den Gaskammern Hitlers getan haben:
Sch'ma Israel – höre, Israel!

So kann Widerstand zum Gebet werden. So ist er Gebet. Wie
Ijob hat dieser Jude „recht" geredet. Sein lebenslang geübter
Glaube mündet ein in die Askese des totalen Loslassens.
Und Gott fängt das in den Tod gegebene Leben auf im Feuer
der Vollendung.

5. Wer ist in dieser Auseinandersetzung der Stärkere? Wer
ist der Sieger? In seiner „Erbaulichen Rede" aus dem Jahr
1844 schildert Søren Kierkegaard Gebet als Streit des Menschen mit Gott. Dabei hat er nicht nur Gebet in Grenzsitua-
tionen vor Augen, sondern durchaus auch im Gewöhnlichen,
im Alltäglichen.

Zuerst geht es darum, Gott verständlich und „recht klar zu
machen", was dem Beter Gewinn bringt. Das kann mühsam
sein, es verlangt Ausdauer, besonders wenn der Erfolg aus-
bleibt oder auf sich warten lässt. Gebet ist es allemal, wenn

nur der Beter sich nicht trotzig an seinen Wunsch klammert, sondern festhält an Gott. Schon so, meint der Däne, ringt er mit Gott. Dass er ihm das letzte Wort zugesteht, und dies nicht nur im Himmlischen, verlangt dem Beter Glauben ab. Glaubend übt er sich ein in die Ordnung, in der Gott der Maßgebliche ist und bleibt. Auf keinen Fall kann es um einen Tauschhandel gehen, als verlange Gott das Gebet gleichsam als Bezahlung für das dem Beter Gewährte. Das wäre nicht mehr Gebet, sondern Zweckdenken, weder Gottes noch des Menschen würdig.

Von Gebet kann nur die Rede sein, wenn der Streit in der *Innerlichkeit* geschieht. Mit *Innerlichkeit* meint Kierkegaard nicht weltfremde Versunkenheit, sondern das genaue Gegenteil, nämlich äußerste Wachheit. Nur in dieser wachen Offenheit kann der Beter Gott wahrnehmen, auch in der konkreten Sache, um die es jeweils geht. Warten auf Gott wie auch Widerstand gegen ihn bleibt nur dann Gebet, wenn es diese *Innerlichkeit* bewahrt, selbst in der Heftigkeit, in die sich einer hineinsteigern kann. Der Beter soll sich nicht fortstreiten aus Gottes Du, sondern *sich hinein- arbeiten* in Gott, wie Kierkegaard sich ausdrückt. Auch an diesem Brennpunkt des Gebets also Askese. Aber Askese, die auf Vereinigung zielt, nicht auf das eigene Begehren. Wer so betet, wird immer tiefer dessen inne, mit dem er streitet, und das ist der Vater, von dem Jesus sagt, er tue jedem Anklopfenden auf, wenn er nur in der rechten Weise betet.

Was aber heißt: *„in der rechten Weise"?* Es meint Gebet in Jesu Namen. Man erkennt es daran, so Kierkegaard, dass der Beter nicht mehr unruhig schweifend *ständig Trost für die eigene Sorge, Erfüllung für den einzelnen Wunsch*, Erklärung für dieses oder jenes Rätsel sucht, sondern zu einem Menschen wird, *dessen ruhige Augen Gott suchen.*

So geschieht Beten „in der rechten Weise", das ist gemeint mit *Innerlichkeit* oder auch mit *Gottinnigkeit.* Damit endet der Kampf, der Sieg ist da. Wessen Sieg? Offenbar Gottes Sieg; der Beter konnte ihm ja *die Erfüllung nicht abnötigen.* Aber auch der Beter siegt. *Er siegt dadurch, dass Gott siegt,* hat Kierkegaard als Lösung erfahren. Man kann dieses abgründige Wort nicht widerlegen. Man kann sich nur betend darauf besinnen, dass Gott nach dem Neuen Testament die Liebe ist. Wo Liebe siegt, ist Erfüllung, nicht Vernichtung, ist Befreiung des Geliebten und nicht Niederlage. Oder eine ersehnte Niederlage. Denn auch der mit Gott Ringende siegt. Nicht darin, dass ihm sein Wunsch erfüllt wird, *als sei dies das Höchste.* Das Höchste ist Gottes Mysterium, das den „recht" Betenden überwältigt. Im Überwältigtwerden erkennt er das wahrhaft Höchste. Herz und Sinn, der ganze Mensch wird frei. Und wagt sich hinein in das Dunkel der Liebe, wie Mose sich hineinwagte in Gottes Finsternis auf dem Berg der Offenbarung.

Gottinnigkeit ist Kierkegaards Umschreibung dieser tiefsten Gebetserfahrung. Da endlich *will* der Mensch, dass Gott über ihn verfügt, jetzt und immer. Er begibt sich aller selbstgezimmerten Stützen. Wie es weitergeht, weiß er nicht und will es gar nicht wissen. Verzichtend gibt er der Liebe Raum, ihn zu besiegen und von ihr sich besiegen zu lassen. Ein geheimnisvolles Ineinander, in dem es nur Sieger und Besiegte gibt. Wie im nächtlichen Jakobskampf am Jabbok. *Ich lasse Dich nicht, ehe Du mich segnest,* keucht der mit dem ausgerenkten Hüftgelenk (Gen 32,27). Den Namen seines Gegenübers erfährt er nicht. Darin ist er der Besiegte. Aber er siegt als Gesegneter.

Die Liebe wartet darauf, siegend sich besiegen zu lassen. Darin wird sie ganz sie selber. Erst so kann Gott, der die Liebe ist, sich geben, wie er ist. Zugleich ist es das, was der Beter im Tiefsten ersehnt. Nun kann er ihn in allem entdecken, was ihm gegeben und was ihm genommen wird. Und also lernt er anders beten und leben, nie ohne Hoffnung, in der *geliebten Liebe* (Paul Gerhard), noch im Sterben einer, *dessen ruhige Augen Gott suchen.*

5. Sören Kierkegaards Gebetserfahrung stellt alles auf den Kopf, was der „normal" Fromme für wichtig hält. Ist Gebet also doch nur Askese im Sinn von Verzicht, Selbstverleugnung, Abtötung? Dann wäre es schlechthin Verzicht, nichts als Verzicht. Wer wollte dann noch beten?

Aber der Mensch will beten. Wo er es nicht beigebracht bekommt, wo er nie beten gelernt hat, macht er doch Bewegungen wie ein Vogel, der das Nestbauen nicht lassen kann, auch wenn sich dafür nirgends Platz findet. „Beten ist menschlich", der Buchtitel sagt in Kurzform, was Golo Mann meint, für den der Mensch, der ausschließlich auf sich beruhen will, nicht lebt. Das ist so, weil er auf Gott hin geschaffen ist und Gottes Geist in ihm wohnt. Er kommt nicht zur Ruhe, er kann nicht wirklich leben, wenn er ohne Gott und also ohne Gebet zu leben versucht.

Bevor der Mensch sich für Gott entscheiden kann, hat Gott sich aber schon für ihn entschieden. Keiner hat diese Ur-Entscheidung so wie Paulus ins Wort gebracht. Im Römerbrief spricht er vom sehnsüchtigen Warten der Kreatur auf die Offenbarung der Söhne Gottes, auf ihre Befreiung von der Knechtschaft der Sünde zur Freiheit der Herrlichkeit derer, die Gottes sind. Die Rede ist vom Seufzen der ganzen Schöpfung wie in Geburtswehen, aber auch von unserem, der Menschen Seufzen. Bis schließlich der Geist, dessen Erstlingsgabe wir besitzen, sich unserer Schwachheit annimmt, die wir nicht wissen, wie „recht" beten. *Doch der Geist selbst tritt für uns ein mit wortlosem Seufzen* (Röm 8,26).

Es gehört zum Weg eines Christen, dass einer so etwas erfährt. Es ist nicht Vorrecht der Mystiker. Mit seinem ganzen Wesen weiß der Mensch, dass und wie vor aller menschlichen Initiative sich Gott zum Menschen und seinem Geheimnis entschieden hat, *noch bevor ich im Mutterleib gebildet wurde* (Ps 139). Der Geist ist dafür das Unterpfand. Er ist auch der Zeuge. Ohne ihn bliebe verborgen, wieso der Beter dadurch siegt, dass Gott ihn besiegt. Ohne den Geist wären wir Gefangene eines Kosmos ohne Türen und Fenster, angefüllt mit Elend und hilflosem Leiden, mit Bosheit auch und mit Vergänglichkeit, ohne Erwartung der Überschwänglichkeit des Heils (H. Schlier).

Aber da ist dieses dreifache Seufzen: das der Kreatur, das des Geistbeschenkten, das des Gottesgeistes selbst. Ein beengtes Seufzen und Stöhnen, wie das eines Verwundeten, der sich nicht helfen kann und doch nicht aufgibt, aufgerissen über sich hinaus. Im einen wie im anderen ist es Gebet. Nun aber nicht nur im Warten dessen, den Gott angerührt hat und der einsam kämpft mit dem angreifenden Du, sondern nun universal, als Grundbewegung des kreatürlichen Daseins ebenso wie als Entgegenkommen des Geistes, der Gottes Selbstoffenbarung ist in Jesus Christus.

In der Geburt des neuen Menschen aus Wasser, Geist und Blut geschieht Gebet, wie es sich gebührt. Es ist das reine Gebet. Das geht über die Kraft des Menschen, ihn besiegend; zugleich, als Urgebet der Kirche, birgt es ihn hinein in den ewigen Lobpreis der Herrlichkeit Gottes. Der Mensch kann dafür nur Raum schaffen, im Warten auf Gott, im Durchhalten des Widerstands, im Kampf des Sich-Besiegen-Lassens.

Eines Tages oder auch Nachts wird es im Menschen zu beten anfangen. „Es" betet. Man muss es nur zulassen. Das allerdings muss der Beter tun. Auch darin lässt Gott ihn frei. Aber erst wo die Entscheidung des Menschen der Entscheidung Gottes begegnet, erst da geschieht die Vereinigung. Nach ihr geht das Seufzen der Kreatur, des Menschen und des Geistes.

Worauf man nicht verzichten kann? Nicht auf Askese für unterwegs. Nicht auf Gebet als Warten und als Widerstand. Nicht auf den Sieg als Besiegter. Vor allem aber und in dem allem nicht auf die alles heimholende Gnade, auf Gottes Sieg.

9. LEIDENSCHAFT OHNE GIER

1. Lässt sich Leidenschaft beherrschen? Lässt sie sich wenigstens bremsen? Kann man sie einspannen oder anderswie fruchtbar machen? Oder ist man ihr ausgeliefert wie einem Sturm, der alles umwirft und niederreißt? Muss man also Leidenschaft „erleiden" als „passio", als eine Urkraft des Lebendigen oder auch wie eine Erkrankung, wenn nicht sogar wie ein Sterben?

Seit je stehen solche Fragen im Raum, wo einen die Leidenschaft packt. Für die Erfahrung macht es dabei wenig Unterschied, ob einen Heimweh überwältigt, ob das Schöne und Gute ergreift und zu schöpferischem Gestalten begeistert, ob einer mit heißem Herzen nach Wahrheit und Erkenntnis sucht, ob ein bestimmter Mensch ihn verzaubert, oder ob Elend und Verlassenheit einen je nachdem in Wut versetzen oder zum Mitleiden und Teilen drängen. Das und dergleichen sind Spielarten der Leidenschaft, die alle vor die Frage nach einer Beherrschbarkeit stellen. Beantwortet und zwar negativ ist die Frage lediglich dann, wenn Leidenschaft zur animalischen Begierde entartet, die nicht ein Du sucht, sondern das Es will, wie es im hemmungslosen Sex der Fall ist.

Sonst aber: Kann man Leidenschaft je im Griff haben? Oder hat nur sie uns im Griff? Es ist die Frage nach Askese und Leidenschaft. Muss Askese vor dieser elementaren Macht von vornherein kapitulieren oder gibt es auch hier eine Chance für sie?

In seinem „Prinzip Hoffnung" schildert Ernst Bloch das Phänomen: *Was treibt uns? Wir regen uns, sind warm und scharf. Was lebt, ist erregt, und zwar zuerst durch sich selbst. Es atmet, solange es ist, und reizt uns auf. Um immer wieder zu kochen, von unten her.*[70] Da meldet sich nicht nur die Affektnatur, die für den Atheisten Bloch an die Stelle Gottes tritt und den Menschen elementar übermächtigt. Da spürt man etwas vom Unausweichlichen des sokratischen Daimon.

Man spürt ihn auch in dem erregenden Ereignis, das dem Schauspieler Jean-Louis Barrault als beginnende Liebe zu Madeleine Renauld, seiner künftigen Frau, widerfährt: *Wenn man Wasser zum Kochen bringt, beginnt es im Topf zu singen, dann kräuselt es sich eine Weile, und plötzlich sprudeln große Blasen hoch, es verwandelt sich in Dampf. Bislang hatten wir im Atelier gesungen, und, zugegeben, auch leicht gekräuselt. Aber in den Bergen der Dauphine setzte die Verwandlung ein.*[71] Man kann es kaum sensibler zeichnen. Liebe gibt es nicht ohne Leidenschaft. Und dies nicht nur als momentanes „Aufkochen". Im Fall Barraults dauerte die verwandelnde Leidenschaft über fünfunddreißig Jahre.

2. Leidenschaft hat teil am unvordenklichen Ursprung des Lebens, sie ist aufreizende und antreibende Kraft, explosive Dynamik. In ihr wird die lebendige Natur erregend präsent. Kann es demgegenüber einen Bildungsauftrag geben, sei es der Vernunft, sei es des Willens, sei es auch der Askese? Leidenschaft scheint doch alle Formung zu sprengen. Kant zufolge ist sie sogar „moralisch verwerflich" und also eine „Untugend". (Dies im Unterschied zu den Affekten, die Kant als erster von den Leidenschaften abhebt.) Wenn aber Leidenschaften den Menschen seines freien Willens berauben,

---

70 Ernst Bloch, Das Prinzip Hoffnung, Frankfurt/Main 1979, 49.
71 Barrault, Erinnerungen, 125.

bleibt ihm dann noch ein Bestimmungsgrund seines Handelns? Was hat da Moral zu suchen? Ein für die menschliche Vernunft letztlich unlösbares Problem, meint Kant und singt das Lob der stoischen Apathie. Im übrigen sei dafür die Philosophie nicht zuständig.

Seit Platon sieht man Eros mit doppelter Flamme brennen. Oder anders ausgedrückt: Eros ist ein Mittleres zwischen der triebhaften Begierde und dem Geistigen. Eros und Leidenschaft ergreifen den Dichter mit der „manía", dem göttlichen Enthusiasmus. Aber „manía" hat wiederum eine Doppelnatur. Sie ist göttliche Begeisterung, die den Aufstieg zum Geistigen beflügelt. Sie kann aber auch Verblendung sein, Wahn, der zum Triebhaften herunterzieht und wild verstört.

In der Zeit der Kirchenväter überwiegt unter dem Einfluss der griechischen Apathie-Lehre die Negativbewertung. Leidenschaft wird den Affekten gleichgestellt. Dagegen kann Augustinus, für den die Liebe als Ur-Akt des Willens zugleich Quellpunkt und Mitte menschlicher Existenz ist, die Leidenschaft nicht grundsätzlich verurteilen. *Wer einer ist, sieht man an seiner Liebe,* dieses augustinische Wort lässt sich auf die Leidenschaft übertragen, sofern diese nicht als „concupiscentia", als wilde Begierlichkeit das menschliche Selbst über kurz oder lang zerstört.

In irgendeiner Weise muss Leidenschaft zugeordnet und eingeordnet sein. Davon hängt ab, ob der Mensch im Ganzen „richtig" ist, also „Tugend" besitzt. Tugend, nicht als mehr oder weniger fade Bravheit verstanden, sondern als das Äußerste, was der Mensch vermag. So hören wir es von Thomas von Aquin, und wir überhören es heutzutage nicht mehr so leicht.

Auch nicht, dass Augustinus seinerseits behauptet: *virtus est ordo amoris,* was dann so viel heißt wie: *das menschliche Richtigsein ist die geordnete Liebe.*

Das Hohelied klingt an: *Ordinavit in me caritatem, er hat in mir die Liebe geordnet.* Darf man das auch auf die Leidenschaften übertragen? Aristoteles hätte kaum widersprochen. Für ihn sind sie, wie alle Affekte, vernünftig gestaltbare Gemütserregungen. Thomas von Aquin führt die positive Beurteilung weiter, ohne die mögliche Entartung der Leidenschaften zu übersehen.

Ob „gut" oder „pervers": letztlich hängt es davon ab, ob der Mensch unter der Macht des „Geistes" oder des „Fleisches" steht, „Geist" und „Fleisch" im paulinischen Sinn verstanden. *Alles steht mir frei, aber nichts soll Macht haben über mich* (1 Kor 6,4), das kann nur einer sagen, der frei geworden ist im Kampf des Geistes mit dem Fleisch. Da geht es nicht um partielle Befindlichkeiten, sondern um den ganzen Menschen. Dementsprechend steht Askese nicht als methodische Einzelübung zur Rede. Sondern alles entscheidet sich daran, ob einer sich dem „amor Dei", der Gottesliebe, öffnet und überlässt, oder ob er im „amor sui" der „concupiscentia", der ichsüchtigen Begehrlichkeit verfällt und damit ausschert aus der Ordnung der Liebe.

3. Leidenschaft deckt sich nicht mit Liebe. Aber umgekehrt wird Liebe ohne Leidenschaft zum leeren Ritual, zur Lustlosigkeit, zur sexuellen Langeweile. Dem Zuviel an Triebspannung, an quälenden, beunruhigenden sexuellen Wünschen steht heute ein Zuwenig an dem allem gegenüber. Sexualität ist zum Konsum verkommen, eine Diskrepanz zwischen Über-Sexualisierung und innerer Ent-Sexualisierung gibt den Ton an. Eros hat ausgedient, ganz zu schweigen

von Agape (Caritas). Max Horkheimers Befürchtung, die Pille mache Romeo und Julia zu einem Museumsstück, bestätigt sich. Wir müssen für den „Fortschritt" bezahlen. Der Preis, so Horkheimer, ist *die Beschleunigung des Verlustes der Sehnsucht, letztlich der Tod der Liebe.*[72]

Wir sind weit entfernt vom Liebestod Tristans und Isoldes, weit entfernt auch von der Ekstase des Hohenliedes, das weiß:

> *Stark wie der Tod ist die Liebe,*
> *die Leidenschaft hart wie die Unterwelt.*
> *Ihre Gluten sind Feuergluten,*
> *gewaltige Flammen* (8,6).

Heute titelt man „Befreiung zur Lustlosigkeit". Gleichzeitig will man Leid, Schmerz und Tod verdrängen. Das mutet an wie eine modische Karikatur antik-humaner Apathie. Wo keine Leidenschaft gedeiht, gibt es auch keine Gottes-Passion. Man muss wohl bei den Mystikern in die Schule gehen, um gesunde Leidenschaft einzuüben und neu zu gewinnen – Leidenschaft des Menschen für Gott und lange zuvor noch: Gottes Leidenschaft für den Menschen.

Um nur dies zu sagen: Durchschnittliche Gottesdienste sind, mindestens in Europa, zu selten geprägt von religiöser Leidenschaft. Und was zölibatär Lebende angeht: Ist nicht ihre Fähigkeit zur Leidenschaft bisweilen unterentwickelt, so dass Hingabe entweder zu sublim anmutet oder zu stumpf? Dabei müssten freiwillig Ehelose, die doch keine „Singles" sein wollen, glaubwürdig davon überzeugen können, dass

---

72 Max Horkheimer, Die Sehnsucht nach dem ganz Anderen. Ein Interview mit Kommentar von Helmut Gumnior, Hamburg 1960, 75.

auch die Leidenschaften eines Christen in der Taufe mit dem ganzen Menschen neu geboren sind und Liebe ihr Atem geworden ist.

4. Unwillkürlich assoziiert man mit Leidenschaft das Bild des antiken Wagenlenkers. Dessen Aufgabe ist es, die Energie von vier oder mehr galoppierenden Pferden zu bündeln, so dass der Wagen vorwärts kommt und im Wettkampf den Preis erringt. Platon gebraucht das Bild wiederholt in seinen Dialogen. Da gibt es das lenksame und das widerborstige Pferd. Beide müssen eingespannt und gelenkt werden, jedes seiner Art entsprechend. Darin zeigt sich die Kunst des Wagenlenkers, darin auch das Geheimnis der Askese.

So verschiedene Pferde im Galopp zu lenken sei zweifellos keine Kleinigkeit, bemerkt Barrault, der seine Lebensbahn im gleichen Bild ausmalt, er mit sieben Lichtpferden. *Es sei denn, dass es ganz einfach ist*, fügt er hinzu, um anzudeuten, dass das, was einer kann, keine Kunst ist.[73]

Wer die paar Seiten liest, auf denen Barrault die Bahn der sieben Pferde als die Bahn seines Lebens zeichnet, erfährt etwas von menschlicher Leidenschaft und deren Bändigung. Barrault stellt seine Pferde im einzelnen vor: Trieb, Bindung, Begeisterung, Feuer, Hoffnung und Hoffnungslosigkeit, bis sich schließlich nach allen Prüfungen, Stürzen und Verwandlungen der „erneuerte Trieb" an die Spitze des Gespanns setzt.

Immer neu heißt es *die Zügel in die Hand nehmen*. Immer wieder muss der Wagenlenker anspornen, aufbegehren, sich einsetzen, von neuem beginnen, auch wenn der Wagen um-

---

73 Ebd. 351.

stürzt und die Pferde ihre Hufe zum Himmel strecken, auch wenn nur mehr ein kleiner Funken Hoffnung in der Asche glimmt. Leidenschaft wird da vollends zur „Erleidung". Denn Mut zum Risiko, zur Wandlung, zur Neugeburt, zum unablässigen Vorwärts, zu einer Gewissheit schließlich, die nicht aufgibt, all das bewirkt Leidenschaft, die Barrault zu leben geholfen hat. Immerfort muss man sich übersteigen, und allem Anschein zum Trotz entspringt dieses Verlangen *nicht der Lust an der Gefahr, sondern im Gegenteil dem Wunsch, dem Tod zu entrinnen.*[74] Leben wird identisch mit Leidenschaft, jetzt aber mit einer Leidenschaft, *die größer ist als man selbst.*

Was sagt Barraults Gleichnis aus über das Zueinander von Leidenschaft und Askese? Zuerst, dass Leidenschaft Leben ist. Deshalb stellt sie sich dar in der scheinbar unbändigen Dynamik der galoppierenden Pferde. Aber sie ist nicht unbändig. Leidenschaft kann und muss „gebunden" werden. Dann wird sie zur Triebkraft des vorwärts stürmenden Gespanns. Dazu braucht es die Kunst des Wagenlenkers, die hier nicht gleichgesetzt wird mit Vernunft und Willen, sondern mit der ordnenden und auf das Ganze hin öffnenden Askese. *Das Wichtigste ist jene Bindung, die uns mit allem vereint,* bemerkt Barrault, *zuerst mit uns selbst, danach mit den anderen.*[75]

Zusammenbinden und Lenken der so verschiedenen Pferde veranschaulicht die eine Seite des asketischen Kampfes. Die andere zeigt, wie gesagt, das „Nichtaufgeben". Es braucht Durchhaltekraft, wenn scheinbar alles zu Ende ist: Der Wagen stürzt im vollen Tempo um und die Pferde stieben aus-

---

74 Ebd. 352.
75 Ebd. 355.

einander. Sie müssen wieder eingefangen werden, auch wenn im Chaos nur mehr dieser winzige Lichtschimmer überdauert und man auskommen muss mit dem Wenigen, was man dann noch hat.

Leidenschaft drängt also nicht nur wild und ungestüm vorwärts. Wenn das nur mehr zuckende Leben *wie ein Haufen dürrer Blätter als Dünger dient, als Humus der Wandlung,* erweist sie sich noch größer als die Kraft, im Leiden zu überdauern. Askese übt Leidenschaft ein, die aus erlittener Wandlung neu zu leben beginnt, immer wieder neu. So kann sie hinwachsen zur „Gelassenheit" (apatheia). Da glüht sie, ohne sich um Gewinn und Erfolg zu kümmern; im Glühen wird sie unverwechselbar. Das ist ihre neue Qualität: Hingabe *ohne Gier, aber glühend.*

Und schließlich: Barraults Gespann besteht aus Lichtpferden. Sie hinterlassen eine leuchtende siebenfache Spur. Leidenschaft, durch Askese gebunden und eingeübt, wird hell. Als Feuer, *größer als man selbst,* wird sie fähig zum Empfangen wie zu immer selbstloserem Geben, nach dem Vorbild der platonischen „manía" zugleich menschlich-sinnlich wie göttlich-heroisch, ohne Berechnung, enthusiastisch, schöpferisch und verzehrend.

5. Platon nennt Leidenschaft „göttlichen Wahnsinn". Er ordnet sie dem Dichter zu. Doch sie lässt sich auf alle große Kunst übertragen. Niemand komponiert, tanzt, malt oder spielt ohne Inspiration, die sich als Begeisterung dem „spiritus" („Geist") verdankt. Wie immer man ihn nennt, er ist Kraft „von oben" und *kocht* eben nicht nur *von unten* (Bloch). Um schöpferisch zu gestalten, muss einer „außer sich" sein.

Dabei bleibt der Auftrag für Vernunft und Willen bestehen. Auch der schöpferisch Begeisterte muss auf die Vernunft hören. Dafür den Leidenschaftlichen einzuüben, ist eine oft vergessene Herausforderung der Askese. Leidenschaft muss geläutert werden zur Entäußerung. In aller Hingerissenheit muss sie den Menschen mit Vernunft und Willen ausrichten auf das, was an Pfingsten über durchschnittliche und verängstigte Menschen kam und sie zu wortgewaltigen Zeugen des göttlichen Lebens machte.

Für die menschlich-sinnliche wie die göttlich-heroische Kraft der Leidenschaft ist Feuer nach wie vor das am ehesten entsprechende Bild. Feuer, das sich nicht zuerst aus menschlicher Gemütserregung entzündet, sondern „von oben" herabstürzt. Der Mensch kann sich nur entzünden lassen. *Verzehrendes Feuer ist unser Gott*, lesen wir im Hebräerbrief (12,29). Das schließt an die großen Theophanien der Bibel an. Feuer ist die Gottesoffenbarung am Sinai im brennenden Dornbusch (Ex 3,2), der Prophet Elija ist ganz Feuer, und göttliche Hoheit in Flammen schaut Jesaja im Tempel (6,1ff). Vor allem der Menschensohn bringt Feuer: er tauft mit heiligem Geist und Feuer, es verlangt ihn leidenschaftlich danach, Feuer auf die Erde zu werfen, er wird wiederkommen im Feuer des Endgerichts. In all dem entbrennt, flammt auf, glüht und verzehrt Gottes Leidenschaft.

Wo und wie der Mensch sich entflammen lässt, ist so vielfältig, wie die Menschen verschieden sind. Greifen wir nur eines heraus. Da gibt es die seltsame Fügung, dass zwei, die sich leidenschaftlich lieben, plötzlich im Innersten ihrer Zuneigung eine Leere entdecken. Erschrocken merken sie, dass sie es leid sind. Was leid? Dass sie in aller Leidenschaft doch nie völlig eins sein können. Dass da ein zuerst leises und zunehmend deutlicheres Ungenügen ihr Glück trübt und auszulöschen droht. In ihnen ist mehr an Raum, als menschliche Liebe ausfüllen kann. Ihre tiefste Sehnsucht ist größer.

Das bedeutet Krise und kann zur Entfremdung oder sogar zur Trennung führen. Es kann aber auch eine ganz neue Perspektive eröffnen: dass nämlich bisher alles nur ein Spiegelbild war. Auch das Außer-sich-Geraten, auch das Sich-einander-Schenken und Sich-Entäußern. Menschliche Liebe, sei sie noch so leidenschaftlich, kann ihre eigentliche Herkunft und Heimat nicht verleugnen, letztlich nicht. Das zuzugeben, verlangt Askese. Noch mehr aber ist es Gnade. Man muss dann ja bejahen, dass sich in all dem der Eine spiegelt, der nicht nur liebt, sondern die Liebe ist.

Menschliche Sehnsucht verlangt zutiefst nach dem Original. Wo einem das bewusst wird, ändert sich alles. Freundschaft, Partnerschaft, Ehe öffnen sich wie nie zuvor dem göttlichen Dritten. Im Loslassen der erträumten Priorität ihrer Zweisamkeit finden sie zu deren wahrer Tiefe und Fruchtbarkeit.

Es kann aber auch sein, dass Menschen sich nach nichts mehr ausstrecken als danach, von der Gottespassion erfasst und verwandelt zu werden. Dann kommt ihnen aller Verzicht und Abschied wie nichts vor gegenüber dem Einswerden mit Gott.

Böte einer für die Liebe
den ganzen Reichtum seines Hauses,
nur verachten würde man ihn.[76]

Heilige wie Klaus von Flüe oder Johanna von Chantal haben in letzter Konsequenz den Schritt weg von den Menschen,

---

76 Das Hohelied 8,6.

auch den geliebtesten, in die Einsamkeit mit Gott getan, um, kaum verstanden, ganz neu für ihre Mitmenschen zur Hilfe zu werden.

So ist es nicht von allen gefordert. Was aber alle angeht, ist die Ergriffenheit, die sich in jedem aufrichtigen Gebet ereignen kann. Man kann es Glauben nennen, Glauben als *Gottes Vereinigung mit der Seele,* wie ihn Dag Hammarskjöld erfährt. Man kann mit diesem mystischen Politiker in Vorahnung der nahenden Nacht auf Johannes 14,3 anspielen: ... *und dann, was ist alles Glück hier angesichts der Verheißung: „Auf dass ihr seid, wo ich bin".*[77]

Man kann sich von Mechthild von Magdeburg andeuten lassen, was da vor sich geht und wie dabei der Mensch bis ins Leiblich-Sinnliche hinein ein anderer wird:

> *Die Minne durchwandelt die Seele und stürmt mit allen Kräften auf sie ein. Wenn die Minne in der Seele wächst, hebt sie sich mit großem Verlangen auf zu Gott und zerfließend weitet sie sich für das Wunder, das über sie hereinbricht. Die Minne schmilzt durch die Seele in die Sinne. Daher gewinnt auch der Leib seinen Teil, so dass er durch die Minne in allem geformt wird.*[78]

Der Reichtum der Texte, in denen Mystiker aller Zeiten und Völker davon stammeln, wie ihnen Gott im Feuer seiner und ihrer Leidenschaft begegnet ist, wartet weithin noch auf Erschließung. Jedenfalls sollte sich niemand ausgeschlossen fühlen, als sei Mystik nur etwas für Sonderbegabte. Christlich verstanden, geht es um nichts mehr und nichts weniger als

---

77 Dag Hammarskjöld, Zeichen am Weg, München/Zürich 1965, 29.
78 Mechthild von Magdeburg, Das fließende Licht der Gottheit, V, 4.

um die Intensivierung der Gnade, die jedem Getauften zuteil wird. Mit Psalm 28,20 kann jeder bekennen: *Er riss mich heraus, denn er hatte Lust zu mir.* Und er kann noch einmal mit Mechthild von Magdeburg hören, wie Gott antwortet:

> *Meine Seele kann es nicht ertragen,*
> *den Sünder von mir zu verjagen.*
> *Darum folge ich manchem so lange,*
> *bis ich ihn fange,*
> *und behalte für ihn einen so schmalen Ort,*
> *dass kein Menschenverstand mir folgt bis dort.*[79]

6. Noch einmal und abschließend die Frage: Was bedeutet Askese im Umkreis der göttlich-menschlichen Leidenschaft? Askese soll einüben für den Bildungsauftrag im Enthusiasmus leidenschaftlicher Liebe. Sie besteht im Verzicht auf das einengend „Private" in der Zweiheit von Freundschaft und Ehe, indem sie zum Sich-Öffnen für den entgegenkommenden göttlichen Dritten hin drängt. Vor allem und entscheidend hilft Askese aber, auf Gottes Leidenschaft in selbstloser Hingabe zu antworten. Erst dem, der sich von Gott berühren und entflammen lässt, kann es gelingen, ohne Selbsttäuschung sich loszulassen, wirklich sich ihm zu überlassen, einzuwilligen in seinen Willen, immer leidenschaftlicher, bis zu der endgültigen Auslieferung, die Tod heißt. Die große Literatur kennt das Aufeinanderzu von Liebe und Tod. Sie kennt den Tod aus Liebe, der im „Tristan" in der Nacht endet, der in der Leidensmystik sich aber auch verzehren lässt zum Leben, das in der Christuspassion sich schenkt.

Bernhard von Clairvaux, zweifellos einer der ganz großen Mystiker und zugleich ein homo politicus, ein leidenschaft-

---

79 Ebd. VI, 16.

lich, ja fanatisch Agierender speziell in der Kirchenpolitik seiner Zeit – man denke an seine Kreuzzugpredigten –, hat sich aufgerieben im Hin und Her von Kontemplation und Aktion. Er suchte kompromisslos klösterliche Zurückgezogenheit und wurde, wenn man seinem Biographen glauben kann, erst wieder gesund außerhalb der Klausur. Er glich Jakob, der mit dem Engel kämpft. Und wie Jakob hinkte er, wenn er sich der Kontemplation widmete. Er setzte sich Gott aus, in den hinein er sich zu versenken sehnte, und vom gleichen Gott ließ er sich aktiv dienend zum Heil der Menschen bis zur Erschöpfung verfügen.

Askese des Gehorsams und der Einwilligung ist Passionsmystik in der zwei-einen Liebe. Bernhard lässt erkennen, wie diese Haltung gerade im Sturm der Weltgeschichte wächst, mitgekreuzigt und also ausgespannt und hingegeben bis zum Letzten. In seinem Ringen, in der Zerrissenheit seines Charakters suchte Bernhard leidenschaftlich die volle Gleichförmigkeit mit Christus. Ihm wollte er so ähnlich wie nur möglich werden, ihm, der ganz wie wir geworden ist. *Unser Wunsch, sein Schicksal zu teilen, ist die geziemende Antwort auf seinen Willen, unser Schicksal zu teilen*, heißt es in seinem Hohelied-Kommentar.[80]

So klingt Askese, die in Mystik einmündet. Womöglich noch eindeutiger in dem oft wiederkehrenden Satz: *Indem wir dem (sich hingebenden) Christus gleichförmig werden, werden wir umgewandelt – transformamur, cum conformamur.*

Die Legende bringt es ins Bild: Der Gekreuzigte löst seinen Arm vom Balken und umfängt den vor ihm knienden Bern-

---

80 Bernhard von Clairvaux, Hohelied-Kommentar 62, 5.

hard: Initiative „von oben", deren Impuls ausstrahlt in die Zeit und zu den Menschen, bleibend gespeist aus dem verborgenen Ursprung, aus Gottes leidenschaftlicher Liebe in Jesus Christus.

Askese wird damit durch und durch positiv. Sie bringt Frucht durch hinkende Lähmung, Beraubung, Armut und Tod. Bernhards Leben, nur vierundsechzig Jahre dauernd, wird zum Segen für Kirche und Welt. Seine persönliche Zerrissenheit reift ins Heile oder doch Heilere hinein. Er lernt mit ihr zu leben. Und er hat die Gabe, anderen zu zeigen, wie das mit Gottes Gnade geht.

Kennzeichen der Echtheit ist, dass er nicht nur sich beobachtet, sondern zu ungeschönter Selbsterkenntnis kommt im Hören auf Gottes Wort und Wahrheit. Er hält sich Gott hin, arm, angewiesen, bedroht vom Hang, sich selbst zu hassen – und er hört, was ihm daraufhin begegnet. Vor allem die Schrift ist seine Weisung. Er erfährt das Wort, wie es ihm zukommt und wie es ihn auch oft warten lässt. Im Suchen und Finden der eigenen Spur entfaltet sich ihm die Offenbarung so, dass er sie weitergeben kann und von innen her weitergeben muss. Vielleicht am tiefsten bezeugen seine Hohelied-Predigten, wie ihm in einem mystischen Sterben jenseits aller Bilder das Herz erwacht zu der ihm eigenen Sprache. Es ist diese Sprache, die im selbstentrückten Hören gelernt wird, in diesem „asketischen" Hören. Sie schließlich lässt ahnen, was es sein muss um das Einswerden mit Gott und um die Leidenschaft seiner Liebe.

Askese führt dazu, *mit enthülltem Antlitz die Herrlichkeit Gottes zu spiegeln*, indem wir *in das gleiche Bild verwandelt werden von Klarheit zu Klarheit durch den Geist des Herrn* (2 Kor 3,18). Askese macht durch eben diesen Geist fähig, leidenschaftlich gelassen zu werden. So hilft sie, auf dem irdischen Pilgerweg „apatheia" zu erringen, nach Meister Eckhart *ein brennendes Gemüt, in dem doch eine ungetrübte schweigende Stille herrscht.*

10. ERNSTES SPIEL

1. Einen, der keinen Humor hat, der nicht genießen kann und dadurch anderen die Laune verdirbt, nennt man Spielverderber. Spiel hat ja, neben anderem, mit Humor zu tun. Oder mit Kant: Spiel ist *eine Beschäftigung, die für sich selbst angenehm ist.*[81]

So ist etwa der Moralist ein Spielverderber. Sittenpredigten haben einen nicht selten penetranten Zweck: Sie wollen die Menschen besser machen. Das Spiel predigt nicht. Es runzelt nicht die Stirn und macht auch keinen Finger. Es spielt einfach. Absichtslos, zeitlos, zwecklos, vergnügt. *Für sich selbst angenehm*, ist Spiel entspannend, als gebe es kein Unglück auf der Welt und auch kein Versagen. Der Moralist hingegen hat Kummer um aidskranke Kinder in Afrika, ohne freilich etwas für sie zu tun. Er hütet sich und warnt vor dem Überschuss an Lebenskraft, er will ihn als moralisch bedenklich domestizieren, ihm geht es mit Freud um die Abfuhr von Triebenergien, die zum Nutzen und Wohl des Ganzen zu kanalisieren sind. Er blättert im Kodex und steckt nach Paragraph soundso das Spielfeld peinlich genau ab. Damit verdirbt er aber das Spiel. Denn Spiel will gerade die überschäumende Lebenskraft, es will sie bewahren, sie rege erhalten, wie Schiller meint. Ihm wird kein Moralist verzeihen, was er in einem seiner Erziehungsbriefe schreibt: *Der Mensch spielt nur, wo er in voller Bedeutung des Wortes Mensch ist, und er ist nur da ganz Mensch, wo er spielt.*[82]

---

81   Immanuel Kant, Kritik der Urteilskraft § 43, AA V 340.
82   Friedrich von Schiller, Über die ästhetische Erziehung des Menschen, 1795.

Spielverderber ist auch der Freizeitmensch. Der tändelt durch das Leben, sein Revier ist die Oberfläche. Falls er arbeitet, tut er es, um Geld für den Urlaub zu verdienen. Weil er keine Ahnung hat vom echten Spiel, wird ihm das ganze Leben zur Spielerei. Er wehrt sich absolut gegen Überforderung, Anstrengung und Mühe, überhaupt gegen alles, was beansprucht. Man müsse „Abenteuer-Urlaub" nehmen, meint er, sonst werde man krank an unserer Zeit. Unvermerkt rutscht er damit ins Unmenschliche ab. Die Freizeit macht ihn gerade nicht frei. Nur die Reisebüros boomen.

Gründlich verdirbt der Lustlose das Spiel. Mit heruntergezogenen Mundwinkeln kann man nicht spielen. Und vertreibt die Mitspieler. Schlechte Laune ist ansteckend. Spiel gibt es nicht ohne Freude. Der spielende Mensch ist heiter, sorglos, er lacht gern, er genießt das Spiel, und zwar nicht nur dann, wenn er gewinnt. *Für sich selbst* sei das Spiel *angenehm*, wir erinnern uns an Kants Weisheit.

Vor allem kann der Lustlose nicht umgehen mit Niederlagen. Als schlechter Verlierer ist er ein schlimmer Spielverderber. Wer nicht wegstecken kann, wenn er bloß der Zweite im Wettkampf wird oder keinen „Oskar" bekommt, wer dem Ersten seinen Erfolg neidet – bis dahin, dass er ihn nicht mehr grüßt –, der beweist damit lediglich, wie ichbezogen er ist, wie wenig ihm das Team bedeutet und wie schwach entwickelt seine Fähigkeit ist zu einer humanen Streitkultur. Es liegt auf der Hand, welche Konsequenzen das für jede Art von Spiel und für Leben insgesamt hat, politisch, wirtschaftlich, mitmenschlich, religiös.

Eine besondere Sorte von Spielverderbern sind die Mogler. Wer will, dass das Spiel gelingt, muss zur Kenntnis nehmen, dass das nicht ohne Spielregeln geht, auf welchem Feld auch immer. Der Mogler versteht sich meisterhaft auf das Umgehen der Regeln. Regeln sind aber dazu da, eingehalten zu werden.

Das verlangt Selbstdisziplin, Verzicht und Mäßigung, es verlangt ein Stück Gelassenheit und Toleranz, man muss lernen, sich in das Ganze einzufügen. Mogelei und also Betrug praktiziert nicht nur der mit den gezinkten Karten. Auch das zur Zeit viel verhandelte Doping im Sport gehört zum „unlauteren Wettbewerb". Ein hohes Lob zollt der Schauspieler Jean Louis Barrault dem ersten seiner „Lichtpferde", wenn er es nicht nur „jung" und „feurig", sondern auch „jungfräulich" nennt.[83] Mit einem Pferd dieser Qualität an der Spitze wachsen die Chancen des Lebensspiels.

Schließlich der Kaufmann. Nicht dass Kalkulation und Sachverstand beim Spiel entbehrlich oder auch nur hinderlich wären. Auch der Jünger Jesu muss sich zuerst hinsetzen und nachrechnen, ob seine Mittel reichen für den Turmbau oder den Feldzug (Lk 14,28ff.). Aber der Umgang mit Risiken und Hindernissen (und der Spieler muss damit umgehen), darf sich nicht erschöpfen mit der Krämerfrage: „Rechnet sich das?" Das wirkliche Spiel „rechnet" sich nie. Barrault hatte seine größten Erfolge dort, wo überhaupt kein Erfolg zu erwarten war. Er spielte an gegen die finanzielle Katastrophe. Er spielte vor fast leerem Saal. Aber er spielte *jung, feurig, jungfräulich*, mit dieser ganz ursprünglichen Leidenschaft, die *ohne Gier glühend ist*. Weil er sich für alles begeisterte und an nichts hing, darum war sein Spiel und das seiner Truppe so faszinierend. In seiner Selbstvergessenheit zündete der Funken.

---

83 Barrault, Erinnerungen, 351.

2. Was ist aber nun mit Askese und ihrer Rolle beim Spiel? Auf den ersten Blick gibt es keinen ärgeren Spielverderber. Spiel und Askese, verhalten sie sich nicht zueinander wie Feuer und Wasser? Bei der sogenannten „klassischen" Askese geht es doch um Buße und Verzicht, um Kasteiung und Abtötung, um Enthaltung und Entsagung. Der Leib, die Dinge, die Welt sind Übungsfelder für so verstandene Askese. Und zwar negativ gefärbt, in nichts *sich selbst angenehm*. Sind wir da nicht meilenweit entfernt von allem, was Spiel heißen kann?

Wer genauer hinschaut, entdeckt aber exakt dort die Spielverderber, wo Askese zum Fremdwort geworden ist. Mit Recht will man nichts zu tun haben mit Leibfeindlichkeit, Lebensfremdheit, Leidsüchtigkeit, Unmenschlichkeit, was alles man gleichsetzt mit „Askese". Mit Recht mag man also auch sie nicht, diese graue Gouvernante, streng und aller Freude abhold, misstrauisch gegen alles, was gut tut, was die Angst nimmt und das Leben leichter macht.

Doch nichts dergleichen passt zu Askese, wie sie in unserem Beitrag verstanden wird und als was sie immer wieder in der Geschichte christlicher Spiritualität praktiziert wurde. Sie kennt gerade die unschuldige Entspannung und die Gott zugewandte Leidenschaft. Sie bejaht nicht die genormte, aber die gebändigte Lust. Die Freiheit und ihre heitere Zustimmung zu Gottes Welt und Geschichte, die Schönheit und ihr Genuss, überhaupt das Angenehme, das „nichts bringt" und „sich nicht rechnet", aber grundlos, umsonst beschenkt, gehören zu ihren Zielen. Nicht zu vergessen die neidlose Mitfreude, wenn andere gewinnen, und auch die zielorientierte Anstrengung und Mühe, die es kostet, um zur Meisterschaft zu kommen. Nicht zuletzt die Geduld, die Niederlagen aushalten kann, weil sie den längeren Atem hat. Vor allem aber die Kunst, im Einhalten der Spielregeln zum Gelingen beizutragen.

In all dem ist Askese nicht abwesend, sondern maßgebend. Sie ist es als überfließendes Maß. Askese kann zur entscheidenden Hilfe werden, um die Balance zwischen Bindung und Selbstmächtigkeit, zwischen Vereinigungs- und Befreiungstrieb zu finden und zu halten. Sie macht damit das Leben erst menschlich. Menschlich, weil für die ganze Wirklichkeit offen, die von Gottes Sehnsucht nach seinem Menschen kündet und brennt. Im Lassen wie als Ansporn übt Askese ein für das menschliche „Drama" ebenso wie für das „göttliche Spiel".

Askese verdirbt nicht das echte Spiel, sie ermöglicht es. Oder mit dem anderen Wort: Ohne Ernst gibt es kein Spiel.

3. Lebenserfahren wie wenige legt uns der Jesuit Hugo Rahner eben dies ans Herz. Scherz und Spiel sind für humanes Leben so notwendig wie Ernst und mühsame Arbeit. In einer kleinen kostbaren Schrift weist der Patrologe die Unentbehrlichkeit der „Eutrapelia" nach, unentbehrlich für die Gesundheit des Geistes ebenso wie für die gesamte europäisch-christliche Kultur.[84]

Was ist „Eutrapelia"? *Schöne Wendigkeit* zwischen Ernst und Spiel, übersetzt der Autor. Als solche sei sie die *vergessene Tugend des Maßes*, ohne sie sei nirgendwo die lebensnotwendige Mitte zu finden. Theodor Haecker weiß von einer *heiteren Versunkenheit in den Ernst Gottes*. Mechthild von Magdeburg ihrerseits hat erfahren, dass die See-

---

84 Hugo Rahner, Eutrapelia, eine vergessene Tugend, in: Geist und Leben 27 (1954), 346-353. – Vgl. Hugo Rahner, Der spielende Mensch, 1952.

le im Kampf zwischen Leben und Tod ihre Liebesgewalt in die „mâze" bändigen muss, anders unterliegt sie. Auch da braucht es also „Eutrapelia". So erst, im spielerischen Ernst und im ernsten Spiel, kann Spiritualität, kann überhaupt Leben gelingen.

David, der vor der Bundeslade tanzt (2 Sam 6,14), verkörpert die *schöne Wendigkeit*. Keineswegs widerspricht sein Tanz der königlichen Würde, er gerade ist der Präsenz Gottes in der Lade angemessen, auch wenn seine Frau nur mit Spott darauf reagiert.

Auf seine Weise zeigt nach der Überlieferung der Wüstenväter der Apostel Johannes, dass Spiel und Ernst sich nicht ausschließen. Er habe Ärgernis bei einigen erregt, heißt es da, weil sie diesen großen Asketen mit seinen Schülern spielen sahen. Da habe Johannes einen Besucher, der einen Bogen bei sich hatte, gebeten, er möge die Sehne anspannen. Dieser tat so, er machte es mehrmals. Johannes fragte ihn: *Kannst du das ohne Unterbrechung so weiter tun?* Der antwortete: *Nein. Denn wenn man das ohne Unterbrechung tut, bricht am Ende der Bogen.* Darauf Johannes: *Ähnlich ist es mit dem Geist des Menschen: er bricht, wenn er niemals entspannt wird.*[85]

Menschenmaß erlaubt es nicht anders. Menschlich, nicht nur geistlich, bedeutet es eine große Verarmung, wenn in unseren Breiten und Herzen kein Platz mehr ist für das heilige Spiel. Noch Mozart hat sein „Ave verum" als Tanzlied vor dem Allerheiligsten in der Fronleichnamsprozession komponiert. Junge Christengemeinden beleben bis heute in Afrika, Asien und Lateinamerika mit kultischen Tänzen und

---

85 Rahner, Eutrapelia 350.

Mysterienspielen die Liturgien und wundern sich über den strengen Ernst normaler europäischer Gottesdienste.

Damit will man nicht Ablenkung und Zerstreuung in langweilige Gottesdienste bringen, sondern das genaue Gegenteil bewirken. Spiel intensiviert den ganzen Menschen. Der Spielende, gerade er ist „bei der Sache". Von David heißt es treffend, er habe *mit ganzer Hingabe vor dem Herrn* getanzt. Und immer noch ist das spielende Kind ein Inbild hingegebener Sammlung. Gerade nicht „verspielt", ist es ernsthaft konzentriert bei der Puppe oder beim Ball. Und es ist schöpferisch, es baut sich seine Welt, in der es tun und lassen kann, was es will – der Stuhl wird Pferd, der Stecken Geige, und wann es damit Schluss ist, bestimmt es selbst, das spielende Kind.

Anders als wir kannte das Mittelalter den fröhlichen Christen. Fröhlich, weil er *in allen geschaffenen Dingen die Grenzen und das Ungenügen erspürt und eben darum alles belächeln kann, weil er um den seligen Ernst des Göttlichen weiß.*[86] Er ist die Sorge um sich und sein kleines Leben losgeworden. Er hat sie in Gottes Spiel mit den Menschen hineingegeben. So weiß er, was Freude ist und Hoffnung auf das endgültig Gute, so kann er ernsthaft da sein für andere und für die Probleme der Welt. Die Osterfeier, Höhepunkt christlicher Feste, fand ihren erlösten Ausdruck im Alleluja und im spontanen Osterlachen. Und die Gemeinde schuf ihr in ihren Mysterienspielen anschauliche Gestalt. Platon bringt die Zwei-Einheit von Spiel und Ernst auf den Punkt: *In Tat und Wahrheit aber ist es Gott, der allen seligen Ernstes wert ist,*

---

86 Ebd. 353. – Vgl. Corona Bamberg, Der himmlische Mensch, in: Was Menschsein kostet. Aus der Erfahrung frühchristlicher Mönche gedeutet, Mainz 2001, 127.143.

*der Mensch hingegen ist nur ein Spielzeug in Gottes Hand,
und das eben ist in Wahrheit gerade das Beste an ihm.*[87]

4. Jörg Splett lädt in seiner Schrift *Spiel-Ernst* ein zur Liturgie als Symbolspiel.[88] Das Kultmysterium der Eucharistiefeier ist ein dramatisches Spiel. Die Deuteworte der Konsekration im Kanon der Messe sind voll Wirklichkeit: „Das ist...". In Brot und Wein wird die gesamte Schöpfung und Menschheitsgeschichte inszeniert und hineinverwandelt in das Urspiel des innergöttlichen Lebens. Und zugleich wird sie im gegenwärtiggesetzten Pascha zeichenhaft in das ewige Lobopfer heimgeholt.

So zeigt sich dem Blick der gläubig Mit-Spielenden die Welt als Spiegel göttlicher Liebe im kosmischen Reigen. *Vor Gott ein Spiel zu treiben, ein Werk der Kunst nicht zu schaffen, sondern zu sein, das ist das innerste Wesen der Liturgie,* formulierte bereits 1918 Romano Guardini. Wie wichtig wäre so verstandene und gestaltete Liturgie für unsere freudlose, zweck- und leistungsverklemmte Gegenwart, für unsere Gemeinden, die nicht selten vor lauter Selbstinszenierung und virtueller Verfremdung das Feiern zu verlernen drohen.

Hier, im liturgischen Spiel vor Gott, zeigt sich wie nirgendwo sonst das Ineinander von Spiel und Ernst und also auch von Spiel und Askese. *Aus Mangel an Freude verlieren sich die Menschen an Ausschweifungen*, schreibt Thomas von Aquin.[89] Das müsste so manchen „Büßer" aufhorchen lassen.

---

87 Nomoi VII 803c.

88 Jörg Splett, Spiel-Ernst. Anstöße christlicher Philosophie, Frankfurt/Main 1993, 18f. – Vgl. auch A. Schilson, J. Hake (Hg.). Drama „Gottesdienst", Stuttgart 1998.

89 De malo 11,4.

Nicht zu viel, sondern zu wenig Freude führt zur Ausschweifung! Jammern auf hohem Niveau, wie es speziell uns Deutschen nachgesagt wird, ist mit schuld am zügellosen Durcheinander im Öffentlichen wie im Privaten. Es macht auf die Dauer krank. Und Ausschweifung ist der beste Nährboden für Beliebigkeit und Relativismus. Der Zwang beginnt zu dominieren, mit dem Spiel ist es vorbei.

Johannes Chrysostomus geht so weit, das Spiel buchstäblich „zu verteufeln": *Nicht Gott gibt uns Gelegenheit zu spielen, sondern der Teufel.*[90] Wie jeder Bußprediger übertreibt er. Der Theologe Thomas ist da hilfreicher, er unterscheidet zwischen der Sünde maßlos leidenschaftlichen Spiels und der Tugend heiterer Entspannung. Damit steht die Tür offen zu einem Spiel, das *weder den Ernst des Lebens noch die Freude der Gottesliebe beschädigt.*[91] Leben braucht Spielraum. Sonst staut es sich und explodiert über kurz oder lang. Spielraum bietet geordnete Offenheit für die *schöne Wendigkeit* der „Eutrapelia" zwischen Spiel und Ernst. Da kann Leben atmen. Da gedeiht der Mensch, wie ihn der Schöpfer will. Da beherrscht nicht Trübsinn das Feld, sondern Freude. Askese befreit zur Freude. Der wahrhaft asketische Mensch kann spielen. Eigentlich nur er. Vorausgesetzt, er verbindet ein gehöriges Stück Weltdistanz mit Weltverantwortung. Sofern er Ernsthaftigkeit dem zweckfrei atmenden Leben zuordnen lernt. Sofern er innerlich frei wird.

Nicht zuletzt dazu hilft Askese. Sie übt im Loslassen und Verschenken ein, was Nietzsche als *ein heiliges Jasagen* dem Kind zuerkennt.

---

90 Hom. 6,6: PG 57, 70 D.
91 S.th. II–II, 2–4.

5. Im kindlichen Spiel, das viel gemeinsam hat mit dem Schaffen des Künstlers, sind Spuren zu entdecken, wie Engel spielen und wie die ewige Weisheit, alles ordnend und zum Entzücken des Schöpfers, ihr Spiel vor Gott und auf dem Erdkreis treibt (vgl. Spr 8,30.31). Kind und Künstler, beide wollen mit ihrem Spiel nichts bezwecken. Hier wie dort sucht das strömende Leben Ausdruck und Gestalt, hier wie dort will es nichts als einfach da sein. Darin wird deutlich, was Spiel in seinem Wesen ist: *zweckfrei sich ausströmendes Leben, (...) sinnvoll in seinem reinen Dasein.*[92]

Das Auseinanderklaffen zwischen dem, was einer will und soll und dem, was er häufig nicht ist oder nur annähernd verwirklichen kann, zwingt in diesem Leben zum Kämpfen. Der Widerspruch und Zwiespalt spiegelt sich in der Vorstellung, die der Künstler verwirklichen will. Wie das Kind, aber gereift durch Lebenserfahrung, ringt der Künstler darum, der inneren Wahrheit äußere Gestalt zu geben. Und wie das Kind sucht er spielend das Unsichtbare sichtbar zu machen.

Für einen, dem Liturgie zu einem fremden Land geworden ist, könnte das spielende Kind wie der schaffende Künstler eine Brücke der Annäherung bauen. Liturgie schenkt dem einfach Mitspielenden das Kindsein vor Gott. Da werden Kunst und Wirklichkeit eins. Denn die Formen der Liturgie sind der Kunst zu verdanken: Liturgie macht sie sich zu eigen. Doch anders als beim Kind und Künstler füllen sich die Formen mit sakramentlicher Wirklichkeit. Was der Künstler sich vorstellt, wird im kultischen Bereich als Ereignis gegenwärtiggesetzt. In Maß und Melodie, *in feierlich gebundener Gebärde*[93], in ungewöhnlichen Farben und Gewändern, in

---

92 R. Guardini, Vom Geist der Liturgie, Freiburg 1939, 60.
93 Vgl. ebd. 62.

Räumen und Zeiten, die nicht alltäglich sind, spielt das liturgische Drama im Auftrag Christi das Heilsmysterium hier und jetzt, frei von Zweck, aber voll von Sinn. Nicht als Arbeit, sondern spielend.

Schön formuliert die Regel Benedikts, dass wir *dem Werk Gottes assistieren – cum ad opus divinum adsistimus* (RB 19,2). Wieder verweisen wir auf diese Kostbarkeit. Liturgie ist Spiel, weil wir Gottes Werk *dabeistehend* tun. Und zwar so, dass sich tiefer Ernst und göttliche Heiterkeit *erhaben, graviter* mischen. Wie im Spiel des Kindes, das streng und sorgfältig die vielen Vorschriften beachtet. Und auch wie im Spiel des Künstlers, der *im Frondienst der Kunst* gewissenhaft ringt um die gültige Gestalt, um die Verleiblichung seiner Vision. Mit Guardini: *Künstler sein heißt, um den Ausdruck des verborgenen Lebens ringen, auf dass es da sein könne. Sonst nichts. Aber wahrhaftig viel! Es ist ein Abbild des göttlichen Schaffens, von dem es heißt, dass es die Dinge gemacht hat, ut sint.*[94]

Guardini geht es in seinem Beitrag um Zweckfreiheit des Spiels, das aber Sinn hat. Dabei schließt er Elemente des Zweckhaften nicht völlig aus. So darf nüchterne Sachlichkeit auch im liturgischen Spiel nicht fehlen. *Wenn das Leben die straffe Ordnung der Zwecke verliert, wird es zu spielerischer Schöngeisterei,* auch dieser Satz findet sich bei Guardini.[95] Auch Liturgie kann zur Spielerei werden, ästhetisch und folgenlos. Unsere Gegenwart liefert dafür so manches Beispiel. Dennoch gehört der Zweck nicht zum Wesen des Gottesdienstes. Gehört Askese dazu?

---

94 Ebd. 102.
95 Ebd. 94.

6. Dass missverstandene Askese zum Spielverderber werden kann, haben wir bedacht. Fragen wir abschließend: Gibt es nicht andererseits eine Unentbehrlichkeit der Askese für das Spiel? Vielleicht zeigt sich ihre Unentbehrlichkeit am meisten darin, dass sie Spielraum schafft. Etwa den Spielraum des ordnenden Gefüges, ohne den das Spiel ortlos, also utopisch wird; oder den Spielraum der Formen, in denen Liturgie sich müht, dem gottgeschenkten Leben Ausdruck zu schaffen; den Spielraum der Riten und Gebärden, in denen die Hingabe des Einzelnen bewahrt wird vor emotionalem Überschwang und getragen wird vom Glauben der Kirche und Gemeinde; den Spielraum schließlich für den *Geist der Glut und heiligen Zucht, der Macht hat über das Wort* (R. Guardini) und der das liturgische Drama mit Gegenwart und göttlicher Freude erfüllt.

Askese, die solchen Spielraum einübt, ist der Anteil des Menschen an Gottes jetzt sich ereignendem Mysterium. Dieses selbst ist Gnade. Es ist die Gnade des Gekreuzigt-Erhöhten, der sich im Kult schenkt als der gegenwärtig Gesetzte, der Kosmos wie Geschichte je neu zum Heil erschafft als Gottes Welttheater. Das gerade macht Liturgie zum heiligen Spiel. Und die Mitspielenden, die gläubig *assistieren*, gehen verwandelt fort. Wobei ihre Verwandlung nicht zuletzt darin sichtbar wird, dass sie das Spiel der Liturgie über die Zeit des Gottesdienstes hinaus *in seligem Ernst* spielen, in einem Leben, das sich vom göttlichen Spieler seine Rolle zuweisen lässt.

Inmitten aller Rastlosigkeit üben sie so den ewigen Lobgesang ein, nach dessen Vollendung sie sich sehnen. Dann werden sie endlich sein, wozu sie geschaffen sind: ganz Mensch als Spielzeug in Gottes Hand.

11. UMGANG MIT GRENZEN

Grenzen gehören zum Leben. Genauer, einschneidender: Der Mensch ist begrenzt. Zugleich glüht in ihm die Sehnsucht nach Grenzenlosigkeit. Wie kommt er mit beidem zurecht?

Wer verantwortlich leben will, muss so fragen. Und: Die Frage gehört zum Thema Askese, wie es von uns verstanden wird.

1. Grenzen sind vielgestaltig, und sie sind ambivalent. Grenzen beengen und bergen. Die „vier Wände" können Heimat sein und Gefängnis. Grenzen soll es nicht geben, trotzdem setzt man sich auch Grenzen. Sie dienen der Konzentration, sie stumpfen aber auch ab. Dass schließlich der Tod dem Leben seine Grenze setzt, ist bitter, aber notwendig – endloses Leben würde verkommen. Allein die Verheißung unbegrenzten Fortbestehens wirkt zerstörerisch.

Man kann Grenzen umgehen. Schranken lassen sich überspringen, Mauern und Zäune kann man überklettern. Türen sind zu öffnen, wenn man den richtigen Schlüssel findet. Und sogar Misstrauen ist nicht unüberwindlich.

Wie überhaupt unsichtbare Grenzen. Auch sie kann man umgehen und überwinden. Grenzen der Gesundheit lassen sich hinausschieben, wenn man vernünftig lebt. Grenzen der Begabung kann man tolerieren lernen. Geduld mit Grenzen lässt sich bis zu einem gewissen Grad einüben. Grenzen der Folgsamkeit müssen nicht unverrückbar bleiben. Verständigung baut ausgrenzende Entfremdung oder Vorurteile ab. Mit den zu kurzen Ferien lässt sich Waffenstillstand schließen. Diplomatie tut not! Im Kleinen wie im Großen ist sie die Kunst, mit Grenzen umzugehen. Und das Maß an Freiheit hat mit Augenmaß zu tun. So wäre noch vieles aufzuzählen. Nur bei der Liebe weiß ich nicht, wie da Grenzen zu überwinden wären – Liebe ist nun einmal grenzenlos.

Grenzen setzt das Leben. Jeder bekommt das früher oder später zu spüren. Wie übrigens auch den Sog der Schrankenlosigkeit. *Über den Wolken ist die Freiheit grenzenlos,* haben wir als junge Leute gesungen. Wenn man jung ist, wird das irgendwie so weitergesungen. Man träumt sich hinaus aus aller Enge, die man bald satt hat: Familie, Schule, Verkehrs- und Anstandsregeln, auch die Zehn Gebote, überhaupt „Moral". Virtuelle Grenzenlosigkeit ist heute „in", sehr anders als das Hochgestochene, von dem wir seinerzeit mit Giuseppe Ungaretti geschwärmt haben: *Mi illumino d'immenso – Ich erleuchte mich durch Unermesslichkeit.*

Wie gesagt, dann setzt das Leben Grenzen. Es muss nicht der Knast sein. Schon der ganz normale Kampf um den Arbeitsplatz stößt auf Schritt und Tritt an Grenzen. Gibt man da gleich auf? Oder träumt man grenzenlos weiter? Rebelliert man? Oder aber lernt man, dass und wie Grenzen zu akzeptieren sind? Lernt man es auch im bürgerlichen Berufsleben, wenn man eine Familie gründet, wenn man Pech hat mit der Karriere, wenn die Kräfte langsam oder plötzlich nachlassen, das Alter sich bemerkbar macht, die Abschiede sich mehren?

Alles Fragen, die das Leben stellt. Man kann ihnen auf die Dauer nicht ausweichen. Außer man lebt am Leben vorbei.

2. Grenzen zu bejahen, ist heute schwerer geworden. Forschung und Wissenschaft, Medizin und Technik strengen sich gewaltig an, Grenzen wenigstens hinauszuschieben. Grenzen der Energie- und Nahrungsressourcen sind abseh-

bar, sie fordern Erfinder und Entdecker heraus. Was die Medizin schon kann oder vermutlich bald können wird, um Krankheiten zu eliminieren und das Sterbedatum bei möglichst hoher Lebensqualität hinauszuzögern, das stellen die Medien jedem mehr oder weniger seriös vor Augen. *Off limit!* hieß es an allen Ecken im besetzten Nachkriegsdeutschland. *No limit!* heißt es heute im Extremsport. Freitaucher trainieren fieberhaft, tiefer und tiefer muss es sein, der Weltrekord fasziniert. Daraufhin riskiert man Gesundheit und Leben, nimmt Lähmung und Schlimmeres in Kauf. Es ist schon so: Der begrenzte Mensch will die Grenze nicht. Meldet sich da nur der ewige Ikarus? Oder woher sonst kommt die Unersättlichkeit, die Gier nach der Grenzenlosigkeit? Zum Teil entstammt sie der Abneigung gegen alles Einschränkende, sie kann sich steigern bis zur utopischen Freiheitsschwärmerei. Ihr positiver Kern nennt sich Sehnsucht.

Was es ist um die Sehnsucht, haben wenige so wie die Dichterin Nelly Sachs ins Wort gebracht. Sie weiß, dass der Mensch nicht nur keine Grenzen will, sie weiß, dass er das in gewissem Sinn gar nicht kann. Er kann nicht begrenzt sein.

Zwar ist er *ganz aus Sterbestoff.* Aber zugleich gilt:

> *Du säst dich mit allen Sekundenkörnern*
> *in das Unerhörte.*

Nelly Sachs kennt das Geheimnis Mensch. Und sie weiß auch den Urbeginn: *Von Ihm* ist der Mensch

> *einst gepflanzt, zu lauschen,*
> *wie Dünengras gepflanzt am ewigen Meer.*[96]

---

96 Nelly Sachs, Gedichte, Frankfurt/ Main 1977, 17.

Der Mensch ist nicht sein eigenes Geschöpf. Dass er sich weigert, Grenzen zu akzeptieren, dass er sich weigert, begrenzt zu sein, ist nicht einfach Trotz oder Eigensinn. Er weigert sich auch aus Wahrhaftigkeit, aus Treue zu sich selbst. Weil er eben *zu lauschen gepflanzt (ist). Von Ihm.* Man kann ihn vergleichen mit den eingefangenen Gazellen, denen ein Saint Exupéry in der Sahara begegnet ist. Sie stehen am Gitter, den Kopf mit den zierlichen Hörnern durch die Lücken geschoben, ins Unumzäunte, ins Grenzenlose hinaus witternd. Wenn man sie nicht frei lässt, gehen sie zugrunde.

So war auch er, Antoine de Saint Exupéry. Er war zu grenzenlos für seine kleine Frau Consuelo, die ihn beheimaten wollte. Er war wie die Gazellen. Etwa schrieb er Consuelo einen zwanzigseitigen Liebesbrief, in dem, wie er anmerkt, *der Sturm meines Herzens, das Gewitter meines Lebens steckt, das von weit her zu Ihnen zieht.* Sie ihrerseits versuchte ihn so lange einzusperren, bis er das Manuskript fertig haben würde, um dann ganz für sie da zu sein. Das konnte nicht glücken. Es endete mit dem tödlichen Absturz. Immerhin: „Der kleine Prinz" war die Frucht dieser unmöglichen Liaison von Grenzenlosigkeit und Umgrenzung. Er wurde zur *ergreifenden Chronik eines atemlosen ‚amour fou',* wie ein Rezensent resümiert.[97]

Anders Nelly Sachs. Sie hat ihre Sehnsucht in den „Wohnungen des Todes" gelernt. Sie erleidet die Sehnsucht des geschundenen Israel. Der Mensch überhaupt ist so geschaffen. Er will hinaus in das Unbegrenzte, als Lauschender in das „Unerhörte", dorthin, wo *im Tode das Leben beginnt.* Darum lässt sich vom Menschen nicht ohne die Sehnsucht

---

97 Alain Vircondelet, Antoine und Consuelo de Saint Exupéry. Eine legendäre Liebe, München 2006.

reden. Für Nelly Sachs wurde Sehnsucht zum Leitwort, es reiht sie ein in die Zahl der Dichter, die zeitlos und zugleich zeitgemäß sind.

Nur kann der Mensch entarten: Dann, wenn er *satt* und *käuflich* wird. Wenn er *wie Salat im Vorgarten* gedeiht. Dann hat ihn die Grenze eingeholt. Dann hat er seine Sehnsucht vergessen. Da nistet er sich ein und übt Verrat am Zug ins Unendliche, in den größeren Horizont.

Aber das darf nicht sein:

> *Denn nicht häuslich darf die Sehnsucht bleiben,*
> *die brückenbauende*
> *von Stern zu Stern!*

Sondern es wird geschehen, dass

> *manch einer schnell einen Sprung (tat) auf der Sehn-*
> *   sucht Seil,*
> *weil er etwas hörte,*
> *Aus dem Staub heraus tat er den Sprung*
> *und sättigte sein Ohr.*[98]

3. Wie also geht der Mensch um mit der Zwiespältigkeit, begrenzt zu sein und zugleich ins Unbegrenzte hinaus *gesät* zu sein?

Er hat zu kämpfen. Grenzen wecken in ihm das Ja und das Nein. Er lernt Grenzen akzeptieren, er setzt sich selbst Grenzen, Grenzen aus Rücksichtnahme oder Anstand, aber auch Grenzen gegen die Beliebigkeit, gegen Habsucht, Genuss,

---

98 Sachs, ebd.

Ehrgeiz, Bosheit, Zorn und Neid. Er lernt im Verzicht, im Mitgefühl, in der Wahrhaftigkeit, in der Tapferkeit Grenzen bejahen. Er sieht allmählich ein, dass es auch „Grenzen des Wachstums" gibt. So wird er reifer, ohne so leicht zu resignieren. Er wird nach und nach gelassener. Er lernt unter mancherlei Schmerzen, Maß zu halten. Er kämpft den Kampf der Askese.

Zugleich bleibt das Aufbegehren gegen alles, was begrenzt. Ikarus kann nicht anders, er muss fliegen, bis die wachsverklebten Flügel in der Sonne schmelzen und er zerschellt. Kann man einen Forscher in seiner Leidenschaft bremsen? Er findet sich nicht ab mit dem Nicht-Gewussten. Er will wissen, wann und wie das All entstanden ist, er will das Atom bis ins Innerste kennen, er durchpflügt das Gehirn, er sträubt sich gegen die Grenzen, die Schwerkraft und Materie setzen. Er will zu den Sternen.

Stratophysiker entdecken, dass das All unendlich ist, dass es sich mit rasender Geschwindigkeit ausweitet, niemand weiß, wie lange und wie weit. Und dann wieder, in einem, nimmt der Mensch mit allen Sinnen wahr, dass der Kosmos Grenzen hat und dass er schön ist, gerade weil er Grenzen hat. Wie alles, was gestaltet und also schön ist. Wer setzt da Grenzen? Und wer hebt die Grenzen auf? Der begrenzt-unbegrenzte Mensch wird zum Fragenden, über sich selbst hinaus.

Was ist schwerer zu ertragen: das Schweigen der unendlichen Räume oder die Ratlosigkeit gegenüber der messbaren Begrenztheit? Pascal ringt mit beidem. *Das ewige Schweigen der unendlichen Räume macht mich schaudern.*[99] Aber auch: *Weshalb (ist) die Dauer meines Lebens auf hun-*

---

99 Blaise Pascal, Pensées Fr. 206.

dert Jahre (beschränkt) statt auf tausend?[100] Und weiter: Das Unermessliche oder das Zählbar-Begrenzte - was entspricht mehr, was weniger dem Fassungsvermögen des Menschengeistes? Und: Könnte die Grenze etwa ein barmherziges Geschenk sein für den überforderten Menschen? Dagegen Gottes Grenzenlosigkeit: Ist sie es, was menschliche Sehnsucht sich erträumt?

Nicht jeder fragt bohrend wie Pascal. Nicht jeder akzeptiert wie er, dass menschliche Einsicht ihre absolute Grenze hat und in Ehrfurcht verstummen muss. Denn es *ist unbegreifbar, dass Gott ist, und es ist unbegreifbar, dass er nicht wäre.*[101] Eine Nichtexistenz Gottes gehört für Pascal in den Konjunktiv. Ihm bleibt die Wette, und sie ist für ihn bereits entschieden: Endliches hat in seinem Spiel nichts einzusetzen, Unendliches hat alles zu gewinnen

4. Der Umgang mit den Grenzen entspricht dem, was unserer Natur an Einsicht möglich ist. Davon jedenfalls ist Pascal überzeugt. Daher: *Wir kennen das Dasein und das Wesen des Endlichen, weil wir wie dieses endlich und ausgedehnt sind. Wir kennen das Wesen des Unendlichen, aber wir wissen nicht, was es ist.* Gleiches wird nur von Gleichem erkannt. Und menschliche Einsicht ist begrenzt, wie der Mensch selbst. Darum auch steht er unwissend vor Gott, *der weder Ausdehnung noch Grenzen hat.*[102]

Und doch will er wissen. Nietzsches Übermensch beansprucht weiter das Feld. „Sein wie Gott", „Gott sein" – die Parolen gehören allenfalls formal zum alten Eisen. Tabus

100 Ebd. 208.
101 Ebd. 233.
102 Ebd.

können den Frevel der Grenzüberschreitung nicht verhindern, auch nicht die Verletzung *heiliger* Grenzen. Wenn wir ehrlich sind: Was den Menschen zum Menschen macht, messen wir nach wie vor an dem, was er will und was er kann. Also leben wir unasketisch. Von Zustimmung zur Grenze kann keine Rede sein. Aber die Angst im Fragen ist unüberhörbar und in ihr eine abgründige Sehnsucht.

5. Stanislaw Lem, der dialektische Weise von Kraków, suchte nach einer neuen *Formel des Menschlichen*, nachdem Marxismus und Kommunismus gescheitert sind.

In einem seiner späteren Romane geht es um einen rätselhaften überirdischen Kommunikator, der *Die Stimme des Herrn* genannt wird.[103] Mehrfach wird betont, dass es sich dabei nicht um eine Stimme *Gottes* handelt. Gott gebe es ja nicht.

Was es gibt, ist die Nichtkommunizierbarkeit zwischen Mensch und Mensch, ist die Unmöglichkeit, dass einer sich in die Gemütszustände eines anderen Menschen einfühlt – andernfalls wäre die Welt längst erfüllt von einem einzigen gewaltigen Schmerzgebrüll.

Dieses Problem absoluter zwischenmenschlicher Grenze soll gelöst werden durch den wissenschaftlich fundierten Vorstoß ins All. Dabei wird *die Stimme des Herrn* hörbar. Trotz aller Anstrengungen der Astrophysiker, die stellare Botschaft zu entziffern, ist das bislang noch nicht gelungen.

---

103 Stanislaw Lem, Der dialektische Weise aus Krákow. Werk und Wirkung, Insel Almanach für das Jahr 1976 (hg. von. Werner Berthel, Frankfurt am Main). Alle Anmerkungen zum Roman. die im Text zitiert werden, finden sich dort.

Darin spiegelt sich die zwischenmenschliche Nichtkommunizierbarkeit. darin die inhumane bürgerliche Gesellschaft insgesamt, in der die Forscher leben.

Deutlich wird vor allem, wie unfähig diese Gesellschaft ist, die neue *Formel des Menschlichen* herauszufinden oder gar zu verwirklichen. Das ist aber überlebensnotwendig in einer Welt, die in Gefahr ist und auch die Möglichkeit hat, alles Leben auf dem Planeten Erde auszulöschen. (Der Roman ist nicht zufällig in den sechziger Jahren des letzten Jahrhunderts unter der realen Drohung eines russisch-amerikanischen Atomkriegs entstanden.)

Die Menschheit dieser Epoche wird folgendermaßen charakterisiert: Sie ist *ratlos gegenüber den menschlichen Grundproblemen, sie lässt die künftigen Folgen der Entscheidungen außer acht und ist dabei technologisch und wissenschaftlich so fortgeschritten, dass sie ‚die Stimme des Herrn' empfangen kann.* Empfangen, aber nicht deuten! Darin, in dieser tragischen Situation, wird das zentrale Problem des Autors deutlich: *Ohne eine echte Vereinigung des philosophischen und wissenschaftlichen* (= naturwissenschaftlichen) *Denkens sind alle Anstrengungen zur Auffindung des Schlüssels zu den stellaren Signalen wissentlich zum Scheitern verurteilt.*

Wissenschaftlich fundierte Darstellungen einer utopischen Zukunft sucht Stanislaw Lem also zu verbinden mit der überzeitlichen (philosophischen wie moralischen) Problematik der menschlichen Existenz. Die Aufgabe stellt sich heute noch dringlicher als vor vierzig Jahren. Und noch härter stößt sie an die Grenzen menschlicher Erkenntnis. Denn noch drückender geworden ist *die Schwüle der Umweltverhältnisse, die Sinnlosigkeit und Inadäquatheit der*

Gesellschaftsformen, die Beschränktheit und Inhumanität der bourgeoisen Kultur.

Und was speziell die kosmischen Forschungen betrifft: Eine der Hauptschwierigkeiten, die stellare Botschaft zu entziffern, besteht *im Fehlen einer gewissen verallgemeinernden sozialen Weisheit.*

Zu dieser Weisheit führt nicht ein abstrakter und spekulativer Humanismus, der sich in den Sternen verliert. Der „neue" Mensch muss auf der Erde aktiv tätig werden im Mitmenschlichen, er muss Wege suchen, auf denen überlebte Systeme ausgeschaltet werden können. Es geht nicht so sehr um ein Funktionieren als um ein Dienen. Der Autor selbst macht dazu den Anfang, indem er mit seiner Hauptfigur im Roman mitzufühlen und so die Grenze der Nichtkommunizierbarkeit zu überwinden sucht. Im banalen und konkreten Helfen hier und jetzt erkennt er einen Weg zur Weisheit.

Nicht empirische Wissensanalyse also, sondern das leibhaftige Mit-Fühlen und Mit-Leiden kann zum „neuen Menschen" hinführen. Mit anderen Worten: Liebe wird entdeckt. Liebe muss gelernt, verteidigt und durch das Leben getragen werden, nicht unter den Sternen, sondern hier, auf der begrenzten Erde. Durch die Liebe, die das Leben zum Glühen bringen kann und gelingen lässt, kann der Mensch neu werden und weise.

Stanislaw Lem tut mit seiner Entscheidung für das Irdisch-Konkreten einen gewaltigen Schritt. Er verzichtet auf den Allmachtswahn, alles analysieren, erforschen und machen zu können, noch dazu mit dem Ziel Geld und (politische) Macht. Er sagt Nein zur Science-Fiction-Zukunft und zu einer Vernunft, die sich von Mathematik und Empirie begrenzen lässt. Er akzeptiert, dass die Grenze des Erforschens im All unüberwindlich bleibt. Aber auf der Erde, da kann Grenzüberwindung gelingen. Da ersteht der „neue Mensch", dessen befreiender und aufregender Schritt Verzicht im Dienen und also Askese heißt.

Dennoch ist auch dieser Schritt noch nicht radikal genug. Auch dienend kann man „machen" wollen und gerade nicht verzichten. Man kann sich durch Leistung „verdient" machen. Im Dienen kann Macht zuwachsen, wer wollte da nicht zugreifen.

Erst wenn an Grenzen gelitten wird, die durch Arroganz, Hartherzigkeit und Bequemlichkeit Menschen voneinander trennen, erst wenn man toleriert, dass Zucht, Geduld, Selbstbeherrschung, Bereitschaft zum Teilen, Nein zur Gewalt, Freilassen des anderen und gegenseitiges Verzeihen immer an Grenzen stößt, und man übt trotzdem weiter, erst dann kann von einem Verzicht die Rede sein, der diesen Namen verdient. Und da, im Üben des Verzichts, wie ihn der Gang des Lebens mit sich bringt, erst da kann Askese womöglich für die *Stimme des Herrn* öffnen und für ihre Deutung.

Verzicht bleibt leer ohne Einsicht. Einsicht fällt nicht leicht. Schon gar nicht die Einsicht, dass die Grenze dem Menschen wesentlich ist, um Mensch zu werden. Warum denn sollte man sonst verzichten auf Grenzüberschreitungen, die möglich geworden sind oder möglich werden – zur Überwindung von Krankheiten, bei Machtgewinn, aber auch in der Zügellosigkeit, in der Sucht, im brutalen Rundumschlag? Verzicht scheint Dummheit zu sein, nicht Einsicht.

Und doch gewinnt mit jedem Tag die Einsicht an Boden, dass der grenzenlos enthemmte Mensch, der sich für das Maß aller Dinge hält, alles zerstört. Dagegen hilft die Grenze leben. Nirgends wird so pariert wie auf einem U-Boot. Die geringste Beliebigkeit bedeutet da Untergang. Ähnlich im Straßenverkehr, ähnlich im häuslichen Leben. Ohne Rücksicht nur Scherben. Ohne Verzicht nur Verwahrlosung. Im Kleinen wie im Großen setzt Leben und Zusammenleben voraus, dass man die Begrenztheit akzeptiert, die eigene wie die aller anderen. Und dass man daraus Konsequenzen zieht.

Eine der Konsequenzen ist die Bescheidung. Lem praktiziert sie im Ja zur Erde. Unauffälliger, aber ebenso wichtig ist Bescheidung im alltäglichen Zusammenleben, in Kontakt und Distanz, in Sympathie und Urteil, im Konsens wie im Konflikt, im gegenseitigen Verzeihen. So weit dringt der Weise von Kraków nicht vor.

Zumal da, beim Verzeihen, braucht es Bescheidung im Verzicht und aus Einsicht. Ich verzichte auf mein Recht. Ich sehe ein, dass der Ausgleich die bessere Lösung ist. Ich stelle die mir zugefügte Verletzung zurück, denn ich begreife, dass die Versöhnung mehr wert ist, und vor allem, dass mir der andere wichtiger sein muss als ich mir selbst.

Da kann Bescheidung zur Demut werden und zu einem Akt der Selbstlosigkeit. Vergessen lässt sich die Verletzung nicht, aber man kann mit ihr leben lernen. Sie ist nicht länger maßgeblich, sie grenzt nicht für immer aus und ab. Und zugleich übt man ein, sich selbst zu verzeihen.

Alles, was mir angetan wird, hat ja seine Entsprechung in Provokationen, die, sei es noch so ungewollt, von mir ausgehen. Keiner wird am anderen schuldig, dem nicht vom anderen etwas angetan worden ist. Ein Geflecht von Grenzen ist das, ein Netzwerk gegenseitigen Schuldigwerdens. Man muss ein gutes Stück Weg zurückgelegt haben, bis man das merkt. Es verlangt Reife. Eines Tages wird man zugeben, dass Menschen aus eigener Kraft das Netzwerk nicht auftrennen können.

Schließlich wird irgendwann jeder vor einer letzten Grenze stehen. Der Glaubende nennt sie Gott. Nach ihm sucht, an ihm stößt sich, ihn ruft der Mensch in seinem Ringen. Und nicht zuletzt ruft er nach dem, der allein verzeihen kann. Erst wer es fertig bringt, Gott um Verzeihung zu bitten, beginnt zu entdecken, was es ist um das dunkelste Geheimnis seines Lebens, um die Schuld. *Tibi soli peccavi, gegen Dich allein habe ich gesündigt,* betet der Psalmist (Ps 51,6). Was Menschen einander antun können, hebt sich letztlich gegenseitig auf. Gott allein bleibt keinem etwas schuldig. Darum kann nur Gott wirklich verzeihen.

Nicht dass der freigesprochene Knecht den Mitknecht würgen dürfte (vgl. Mt 18, 28). Er soll ihm von Herzen verzeihen. Wenn er das aber tut, spiegelt er Gottes Handeln wider, leitet er lediglich weiter, was Gott ihm schon gewährt hat.

Entscheidend für eine Askese der Grenze ist nicht das, was Menschen zu ihr beitragen, sondern was Gott wirkt und bewirkt. Gewoben aus menschlicher Mühe und göttlicher Gnade ist es das „Opus Dei“, das befreit zu gelingendem Leben.

6. Menschenleben versagt an seinen Grenzen; spätestens im Tod zerbricht es daran. Der Beter sieht das Scheitern voraus. Aber er muss nicht verzweifeln. Er muss auch nicht rebellieren. Denn ihm öffnet sich der ganz andere Horizont, das Meer der göttlichen Weisung. Da wird der Umgang mit Grenzen vollends zum Paradox: *Dein Gesetz kennt keine Schranken,* betet der Psalmist (119,96). Das Verbindliche Gottes, sein

Gesetz zwingt nicht. Es schränkt menschliche Freiheit nicht ein, es ermöglicht sie. So kann es sein, dass der Mensch sich von ihm umgrenzen lassen *will,* und so, nur so, frei und weit wird: *Ich eile voran auf dem Weg deiner Gebote, denn mein Herz machst du weit* (Ps 119, 32). Das macht den Beter froh. Gehorchen bedeutet ihm nun Befreiung und Freude, Umgrenzung wird zur Entgrenzung, Norm weist ins pfadlos Weite, Tasten nach dem Rechten wird von Gottes Treue ans Ziel geführt. Grenze, die der Mensch als ihm gemäß erkennt, zu der er sich bescheidet, öffnet sich ins Unendliche. Indem der Mensch sich fügt, überwindet ihn die Liebe.

Da endet alle Askese. Sie endet überall dort, wo der Mensch dem begegnet, der allein jede Grenze setzt und aufhebt.

12. EINÜBUNG DES STERBENS

1. Was ist der Mensch? Mit einem Wort: Er ist sterblich. Ausnahmslos auf jeden von uns wartet der Tod. Jeder ist ihm ausgesetzt, ganz gleich, wer oder was er ist, jung oder alt, gesund oder krank, fröhlich oder resigniert, reich oder arm. Die mittelalterlichen Totentänze stellen es drastisch und farbig vor Augen. Und sterblich ist er in jedem Augenblick und an jedem Ort. Jean Paul meinte manchmal das Sirren des Pfeils zu hören, der bei der Geburt eines Menschen abgeschossen wird und ihn im Moment seines Todes trifft.

Man kann sich die Ohren zuhalten, um das Sirren nicht zu hören. Man kann sich schlichtweg weigern, auch nur die Zunahme der Alterung in der Gesellschaft und noch mehr bei sich selbst zur Kenntnis zu nehmen. Damit verdrängt man auch das Sterbenmüssen, denn jedes Anzeichen des Alterns bringt dem Tod ein Stück näher. Viele lassen sich nur zu gern faszinieren von der Aussicht auf ein Leben ohne Tod, wie sie kostspielige Forschungen heutzutage versprechen, wenn auch bisher ohne Erfolgsmeldungen. „Dem Altern nicht nachgeben", ist eine verbreitete Parole. „Alt werde ich später" heißt ein viel gelesenes Anti-Aging-Buch. Alt werden und bald sterben scheint ein Fluch zu sein, die Fitness-Studios sind überlaufen. Zunehmend frequentiert werden aber auch Institutionen wie „Dignitas" samt Filialen, die Lebensmüden ein schmerzloses, menschenwürdiges, rasches und teures Sterben versprechen. Hinter Lebensgier und Überdruss versteckt sich nur zu oft die Angst vor Altern, Sterben und Tod, wie sie wirklich sind, bis die Stunde der Wahrheit die Unvorbereiteten überfordert. Zumal *die Aussicht nach drüben (...) verrannt* ist.

Zahllose Mythen und Märchen erzählen mit mehr Weisheit von Menschen, die nicht sterben können oder dürfen; sie machen schaudern vor diesen Untoten. Andererseits meldet sich in den vielen Verdrängungen von Alter und Tod auch im 21. Jahrhundert die uralte Sehnsucht nach einem ewigen Leben. Doch mit den üblichen Strategien lässt sich kein Allheilmittel gegen den Tod finden. Und also kann es auch nicht gelingen, die Todesangst auszurotten, in der unzählige mehr oder weniger eingestanden leben.

Andere ziehen es vor, sich treiben zu lassen, gleichgültig oder auch betäubt vom *Albtraum voller Lärm und Raserei,* wie Shakespeare die Geschichte nennt. Und schließlich gibt es nicht wenige, die den Tod für normal halten, so dass sie ihm mit ganz gewöhnlicher Miene begegnen wollen, *d'un visage ordinaire,* sozusagen mit einem gefühllosen Gefühl.[104] Michel de Montaigne hat diese Haltung wie nichts sonst am sterbenden Sokrates gerühmt.

2. Das klingt einfach, ohne es zu sein. Was Montaigne betrifft, so stand hinter seiner Aussage jedenfalls die Askese eines ganzen Lebens. Bei ihm entsprach die *ars moriendi,* die Einübung des Sterbens einer *ars vivendi, einer Kunst zu leben.* Er habe sich den Tod vertraut gemacht, sagt man von ihm. *Philosophieren heißt: sterben lernen, que philosopher c'est apprendre à mourir,* das war eines seiner zentralen Themen. Und: *Wer die Menschen zu sterben lehrte, der lehrte sie zu leben, qui apprendrait les hommes à mourir, leur apprendrait à vivre.* Der Tod gehörte für ihn zum Leben. Seine „Essais" durchzieht als roter Faden der Gedanke an den Tod, dem er mit Angstlosigkeit begegnen wollte. In

---

104 Zu diesem Zitat wie zu allen im Text folgenden vgl. Dolf Sternberger, Montaignes Tod, in: Über den Tod, Frankfurt/Main 1981, 47-55.

ihm erwartete er die eigentliche und einzig mögliche „Freiheit" des Menschen. Was sollte also finster oder deprimierend sein am Tod? Montaigne siedelte ihn an bei der Heiterkeit des Lebens.

Als Moralist, der er war, machte er dabei keine Anleihen beim Glauben, auch wenn er, wie in seinen Kreisen üblich, in der Sterbestunde eine Messe lesen ließ. Sondern er übte sich darin, den Tod für natürlich zu halten. Für buchstäblich *natürlich*: Nicht Gott oder Jesus Christus, sondern *unsere Mutter Natur, notre Mère Nature* sollte die Menschen das Sterben lehren. Ihre gleichmütige Stimme riet ihnen, nach der Mitte zu streben. Und Mitte bedeutet hier: Weder das Leben fliehen noch den Tod.

Überraschend ähnlich scheint zu sein, was man an dem heiligen Mönchsbischof Martinus bewunderte: *Nec mori timuit nec vivere recusavit – er fürchtete sich nicht zu sterben, noch weigerte er sich zu leben.*[105] Und doch trennen ihn Welten von dem Denker des 16. Jahrhunderts.

Bei Montaigne ist nicht wie bei Martinus eine religiöse Reife erkennbar, sondern stoischer Glaube an die Ordnung der Natur. Man wird an Francis Bacon erinnert, den Vater der wissenschaftlichen Denkmethode im 17. Jahrhundert, der überzeugt war, dass unbegrenztes Leben keinem Menschen dienlich wäre und überhaupt keinem Lebewesen, denn das wäre gegen die Bestimmung der Natur. Wer aber *die Natur beherrschen will, muss ihr gehorchen*, lautete sein Hauptargument.[106]

---

105 Sulpicius Severus, ep. 3,14, in: Sulpice Sévère, Vie de Saint Martin t. I (ed. J. Fontaine), Sources Chrétiennes 133, Paris 1967, 340.

106 Zitiert von Sherwin B. Nuland, Die Kunst zu altern. Weisheit und Würde der späten Jahre, München 2007, 213f.

Dementsprechend lässt Montaigne unsere Mutter Natur sagen: *Er ist ein Teil von euch, der Tod.* Und: *Wann immer euer Leben endigt, ist es ganz.* Oder: *Der hat lange gelebt, der zu leben verstand.* Und: *Damit ihr euch in derjenigen Mäßigung einrichtet, die ich von euch verlange (...), habe ich das eine wie das andere abgestimmt zwischen Süßigkeit und Bitterkeit.* Montaigne ist dann auch so gestorben, nach einem normalen Leben, in dem er sich nichts versagt, aber sich auch an nichts festgeklammert hat.

Pascal liebte dessen Schriften und widersprach ihnen zugleich. Montaigne habe in Wirklichkeit den Schmerz und den Tod geflohen, weil und indem er ihnen nicht widerstehen wollte. Doch ist der Tod, so Pascal, nicht einfach „natürlich", er *ist ein wirkliches Übel.* Montaigne habe zwar mit skeptischer Deutlichkeit das gegenwärtige Elend des Menschen erfahren, gesteht er etwa sechzig Jahre nach Montaignes Tod zu. Dennoch kann er ihm nicht folgen: Montaigne habe die Ohnmacht des Menschen erkannt, aber nicht seine Pflicht.

3. Genau und kritisch vermittelt Dolf Sternberger Montaignes und Pascals Umgang mit dem Tod. Er fühlt den eisigen Hauch und die versteckten Krallen der „Mutter Natur" bei Montaigne, der gleichwohl lebensfreundlich und liebenswürdig geblieben sei. Aber auch Pascal bescheinigt Sternberger eine *seltsame Kälte.* Denn obwohl Pascal Schmerz und Tod für ein wirkliches Übel hielt, das ihn bis zum letzten Atemzug quälte, ergriff er den Tod, nicht um ihm zu widerstehen oder auszuweichen, sondern *um sich ihm ganz hinzugeben.* Der Tod wurde ihm wichtiger als das Leben, *die Krankheit (eine Art von Tod) heilsamer als die Gesundheit.* Bei Montaigne fand er keine Angst, aber auch keine Hoffnung. Bei Pascal wird der Tod als Beginn der Seligkeit verstanden. Das Elend des sterblichen Menschen gilt ihm zuletzt als Bürg-

schaft seiner höheren Berufung. Pascal wusste sich berufen zur Nachfolge Christi, dessen Agonie bis an das Ende der Welt dauern wird: *nicht schlafen darf man bis dahin.*[107]

Für Sternberger ist Pascals Haltung womöglich noch unbegreiflicher als die Montaignes. Wohl ist für ihn das ganze Gebäude des Glaubens auf dem Fundament des Todes errichtet. Aber was das für ihn bedeutet, sagt sein Aphorismus: *Der Glaube ist unglaublich, doch immer noch glaublicher als der Tod.*[108]

Und er erläutert: *Den Tod kann man nicht lernen. Der Tod ist in mir, und dennoch gehört er mir nicht zu. Er ist in mir und gegen mich. Und nicht einzuholen. Niemals zu begreifen, niemals. Er lässt sich auch nicht annehmen oder hinnehmen. Er ist eine Kränkung, die tiefste Kränkung, die sich nur denken lässt. Nicht dass ich ihn fürchte (...). Der Tod ist mir so absolut fremd, dass ich ihn noch nicht einmal fürchten kann. Und doch ist er mir gewiss.*[109] Wie soll also Askese als Einübung in das Sterben aussehen, wenn der Tod so „natürlich" ist wie für Montaigne, so eschatologisch wie für Pascal und so unannehmbar wie für Sternberger?

4. Seit frühesten Zeiten kannte der Mensch eine *praemeditatio mortis*, *ein Vorerwägen, ein Vorbedenken des Todes*, und damit eine *ars moriendi*, eine *Kunst des Sterbens*. Bestand sie nur in der Vorstellung? So wie ein junger Trappist sich an einem Karsamstag auf der Pritsche als tot simulierte: regungslos, mit geschlossenen Augen, mit sparsamster Atmung, mit absoluter Triebreduktion, und unter Ausschaltung aller

---

107 Blaise Pascal, Pensées 553
108 Sternberger, ebd. 34.
109 Ebd. 16.

Gedanken und Bilder? Es kam nichts dabei heraus. Erschöpft gab der junge Mann auf und kehrte ins Leben zurück.

Sicher ist mit *praemeditatio mortis* nicht eine Trockenübung dieser oder ähnlicher Art gemeint. Der Tod lässt nicht mit sich experimentieren. Dennoch soll der Christ Tod und Sterben einüben. Nicht wie im Labor, sondern als Faktum des realen menschlichen Lebens. Insbesondere hieß und heißt Mönch sein bis heute: Leben im Angesicht des Todes. *Mortem cottidie ante oculos suspectam habere, den unberechenbaren Tod täglich sich vor Augen halten,* legt Benedikt seinen Jüngern ans Herz (RB 4,47). Man begreift nichts vom Mönchsleben ohne diese tägliche Ausrichtung auf den Tod. Dass das heute zu wenig ernstgenommen wird, auch in Klöstern, verrät einiges über die Mentalität unserer Gegenwart.

Anders verhielt man sich, wie gesagt, in vergangenen Zeiten. Tolstois Ivan Iljitsch beklagt es, dass er die *Kunst* (*ars*) nicht erlernt habe. Er wollte das aufsparen für die letzte Stunde. Darüber habe er versäumt, recht zu leben. Auch für ihn ist der Tod eben nicht, wie Montaigne meint, „natürlich". Bis zuletzt wehrt die Natur sich gegen ihn als gegen ihren schlimmsten Feind.

Die *Kunst des Sterbens* besteht aber nicht im Protest. Und sie ist auch nicht dem letzten Augenblick vorbehalten. Indem die *ars moriendi* verflochten, ja identifiziert wird mit der *ars vivendi,* verdüstert sich das Leben nicht, sondern so wird es gerade „recht". Der übende Mensch lernt das eine im anderen: er lernt, besser zu sterben, er lernt zugleich, verantwortlicher, tiefer und voller zu leben.

In seiner Askese stellt er sich den drei Hauptfragen menschlich-christlicher Existenz: Woher komme ich? Wohin gehe ich? Wie soll ich mich verhalten? Und er sucht Antwort im Ja zum Diesseits und in der Hoffnung auf das Jenseits als der Erfüllung aller Sehnsucht. Der Tod ist für ihn nicht das absolute Ende, er ist Schwelle und Hilfe. So kann es nach und nach gelingen, das Unvermeidliche wie einen Freund anzunehmen. Man sucht das Jetzt auszukosten, ohne es festzuhalten.

Man übt das Abschiednehmen in der Liebe. Man übt das Loslassen in der Überzeugung, dass Gott nicht loslässt. Man macht sich im Verzicht das Bleibende vertraut. Wo immer man fällt, fällt man in Gottes Hände.

Das ist das Geheimnis dieser christlich-menschlichen Einübung. Letztlich übt man sich ein in Gott. Jeder Augenblick bietet Gelegenheit dazu. Und: In jedem Augenblick bietet sich die Chance des „kleinen Todes" an, in vielerlei Verzicht kann man ihn „sterben" lernen. So erfährt man zunehmend Befreiung von der Angst, die den Tod eigentlich erst fürchten lässt: nämlich von der Angst, zu verlieren.

Alles in allem: Es geht darum, *leben zu lernen, um glückselig zu sterben,* aber auch *sterben zu lernen, um glückselig zu leben.*[110] Was diese Kunst gelingen lässt, bringt Wipos Ostersequenz *Victimae paschali laudes* ins Wort: Seitdem der Fürst des Lebens den Kampf siegreich bestanden hat, in dem Tod und Leben auf wunderbare Weise miteinander *gerungen haben, mors et vita duello conflixere mirando,* greifen Leben und Tod kunstvoll ineinander für jeden, der glaubt.

---

110 So formuliert Duplessis-Mornay, ein calvinistischer Autor des 16. Jahrhunderts, vgl. Philippe Ariès, Geschichte des Todes, München/Wien 1980, 385.

In den „Geistlichen Übungen" des Ignatius von Loyola soll der Exerzitant das Denken und Imaginieren, also die Vorstellung auf den Tod hin einüben. Doch sehr im Gegensatz zum fruchtlosen Einüben des nicht vorstellbaren eigenen Totseins soll das geschehen in der Meditation der Passion Christi. Im Mitleiden wird der Tod des Herrn zur Hilfe, sich zu verlieren und dadurch loszukommen vom Verlusttrauma der eigenen Todesangst.

Getreu dem Wurf der „Geistlichen Übungen" bleibt auch diese Meditation nicht stecken im Theoretischen: sie muss über die Exerzitientage hinaus konkretisiert werden in der Einübung einer *Kunst des Lebens* in der alltäglichen Nachfolge.

Was das heißt, verdeutlicht wohl keiner so wie Ignatius in seinen letzten drei Lebensmonaten. Er habe gearbeitet, heißt es, bis in den Augenblick seines Todes hinein, als gelte es, unbegrenzt zu leben. Und umgekehrt sei er so in die Schau des dreifaltigen Gottes versunken gewesen, dass ihm alles Irdische wie ein Nichts vorkam.[111] So meint es wohl das ignatianische *contemplativus in actione, im Tun beschauend sein.*[112]

5. Deutlich könnte aber auch werden, wie nah die *ars moriendi* zusammen mit der *Kunst des Lebens* dem Bemühen kommt, *Gottes Gegenwart nicht zu fliehen* (RB 7,10). Der Gott Suchende soll Gottes Blick nicht entkommen wollen. Denn so angeschaut erfährt er den Tod als Brücke und Impuls, und in beidem als Tröster, der *leben macht.* Mit Paulus kann er dann sagen: *Sterben ist mir Gewinn.* Aus seiner

---

111 Vgl. Trost und Weisung. Geistliche Briefe, Zürich/Einsiedeln/Köln 1979, 201.
112 Mon. Nadal IV, 651f.

ganz anderen Perspektive formuliert Baudelaire eine ähnliche Erfahrung:

Es ist der Tod, der tröstet, ach, und der leben macht.
Er ist das Ziel des Lebens und ist die einzige Hoffnung,
die wie ein Zaubertrank uns stärkt und uns trunken
und beherzt macht, bis zum Abend fortzuwandern... [113]

Die *Kunst des Lebens,* die eins wird mit der *ars moriendi,* lässt den Tod aufscheinen als eine Annäherung an das Unerforschliche, als eine mystische Kommunikation mit den Quellen des Seins, als Einübung des Unendlichen. Man stellt den so erwarteten Tod dar als weithin sich erstreckende Erde oder als faszinierende Grenzenlosigkeit. Im Gegenzug zur Aufklärung verklärt die Romantik den Tod zum „schönen Tod". Das berührt uns Heutige irgendwie doch, trotz allem, was daran befremden mag. Der „schöne" Tod, weckt er nicht geheime Bedürfnisse, kaum eingestanden, aber unüberhörbar?

Askese scheint hier kein Thema zu sein. Welche Willensanstrengung oder was für eine Strategie sollte das Geheimnis eines „Trösters Tod" entschlüsseln können? Es geht wohl um das Umgekehrte: Das Mysterium des „schönen Todes" wandelt asketische Anstrengung um in Einverständnis. Alles Sich-Wehren gegen das naturhaft Schreckliche wird gegenstandslos, es streckt die Waffen. Sogar „trunken" macht dieser Tod, wie Baudelaire dichtet. Nicht Zucht und Maß sind nun gefragt, nicht einmal der Verzicht, nur mehr der beherzte, leidenschaftliche Wille zum Leben, in dem *bis zum Abend fortzuwandern* ist, auf die *einzige Hoffnung* hin.

---

113 Vgl. Ariès, 602.

So kann kreatürliche Angst vor dem Tod „gezähmt" werden und mit ihr der Tod selbst. Resignation und Melancholie lassen sich überwinden von der intensiven Liebe zum Leben. Rein menschlich gesehen, klingt das bei Hans Sahl so:

Ich gehe langsam aus der Welt heraus
in eine Landschaft jenseits aller Ferne,
und was ich war und bin und was ich bleibe,
geht mit mir ohne Ungeduld und Eile
in ein bisher noch nicht betretnes Land.

Ich gehe langsam aus der Zeit heraus
in eine Zukunft jenseits aller Sterne,
und was ich war und bin und immer bleiben werde,
geht mit mir ohne Ungeduld und Eile,
als wär ich nie gewesen oder kaum.[114]

Noch einmal auf die Ebene des Ignatius von Loyola gehoben: Nicht der eigene Tod wird meditiert, sondern der am Kreuz. Christi Tod als Angebot der Liebe tritt vor den betenden Blick und öffnet die Perspektive des Glaubens, über das meditierenden Ich hinaus, weg von der aufbegehrenden Natur auf Gott hin. So kann das Kreuz Christi zur Erfahrung werden: als Zeichen des Todes zum Leben, und zwar zum Leben für alle.

6. Es bleibt die Anfrage an den Wirklichkeitsgehalt christlichen Glaubens. Hilft das Credo einem, der tatsächlich das Nichts des Todes gesehen hat, im Straßengraben neben der Autobahn, im letzten Erstarren eines geliebten Menschen, oder auch im Grauen des Holbeingemäldes *Der Leichnam*

---

114 Hans Sahl, Memoiren eines Moralisten. Das Exil im Exil, Hamburg 1994, 394.

Jesu im Grab? Gottfried Bachl stellt sich dieser Anfrage mit ungeschönter Konsequenz.[115]

Der Bildbetrachter sieht sich dem „mysterium tremendum" der Natur gegenübergestellt. Er wird konfrontiert mit Natur als einer *Maschine, die ohne Sinn und Verstand dieses große und wunderbare Wesen (Mensch) fasst, zermalmt und in sich hinein geschluckt hat, taub und fühllos (*134). Das Bild stellt genau diese dunkle, unverschämte und sinnlos-unvermeidliche Macht, der alles ausgeliefert ist, vor Augen. Behält das christliche Credo demgegenüber irgendwie noch Kraft, kann es diesem Grauen standhalten mit seinem Bekenntnis zu Auferstehung und todüberwindender Verherrlichung Jesu Christi – oder ist es lediglich kluge Strategie, darüber hinweg zu kommen, wo die schreckliche Wirklichkeit doch nicht zu ändern ist?

Bachl sucht eine Antwort bei Paulus: *Wenn Christus nicht auferweckt worden wäre, dann ist (...) euer Glaube nutzlos* (1 Kor 15,14.17-19). Dann wäre alle christliche Verkündigung Lüge, dann ist der Glaube leer und eitel. Wenn es so wäre – Paulus nimmt die völlige Ohnmacht, in die der Mensch dann versinkt, absolut ernst. Bestätigung dafür bietet das Buch Ijob: *Jetzt werde ich mich in den Staub legen, und suchst du dann nach mir, so bin ich nicht mehr da,* sagt Ijob zu Gott (7,21). Der Betrachter des Holbein-Gemäldes erschrickt mit Recht bis ins Innerste. In keiner Weise erspart ihm der Glaube den realistischen Anblick des Todes. Der Leichnam Jesu verschärft nur das Schreckliche. Bringt also auch er, der Glaube, nicht weiter? Ist er tatsächlich *leer und eitel?* Er

---

115 Gottfried Bachl, Der Tod, die Bilder und die Hoffnung, in: Geist und Leben 65 (1992), 134-141. – Die Zahlen im Textabschnitt beziehen sich auf diesen Beitrag.

hilft nicht, über den Tod hinwegtrösten zu wollen. Er hilft als Mut, dem Äußersten nicht auszuweichen. Dieses Äußerste begegnet aber gerade nicht im Bild! Selbst Holbeins ganz und gar realistisch gemalter Leichnam ist geformt, gestaltet und insofern entrückt. Damit wird versucht, mit dem Tod auf erträgliche Weise umzugehen.

Der wirkliche Tod ist in keine Gestaltung einzufangen. Er ist nichts als hässlich. Was Leiche wirklich ist, liegt jenseits alles Darstellbaren.

Die Bibel fängt auf, was kein Künstler festhalten kann. Sie sagt das Unsägliche aus, wie Ijob seinem Gott gegenüber. Aber was sie ausspricht, bleibt nicht im Tod stehen. Mit ins Wort kommt der zweite, der ganz neue Anfang: dass der Schöpfer das scheinbar für immer vergangene Leben erweckt, dass er selbst die neue Zukunft ist, die endgültige Existenz der gestorbenen Person. Wer bekennt: *Ich glaube an die Auferstehung,* bleibt für Gott auffindbar, ist für ihn da. So behält der Tod nicht das letzte Wort. Wie auch Ijob weiß, dass sein Erlöser lebt und dass er ihn in seinem Fleisch schauen wird. *Darum widerrufe ich und atme auf in Staub und Asche* (Ijob 42,6).

Ars moriendi bedeutet hier: Standhalten gegenüber der schrecklichen Wirklichkeit bis zu ihrem innersten Kern, den nur die Hoffnung kennt. Und Hoffnung bedeutet: Sich erinnern an die ursprüngliche Schöpfungsordnung im Glauben. Diesen Glauben einüben im Loslassen des Vernichtenden und im Trauen auf das unbegreiflich neu Schaffende, darin besteht das eigentliche „Amt" der *ars moriendi,* das ist die Askese einer *praemeditatio mortis.* Sie hat keine andere Garantie als den Gott der Lebendigen im auferstandenen Herrn. Daraufhin riskiert sie sich.

7. Die *Kunst des Sterbens* ist nicht den Außergewöhnlichen vorbehalten. Doch sind die ganz Großen uns Durchschnittsmenschen gegeben als Vorbilder und Gefährten. Einer von ihnen ist Ignatius von Antiochien, der Märtyrerbischof des 2. Jahrhundert nach Christus, als die Erde noch warm war vom Blut Christi (Hieronymus).

In seinem „Brief an die Römer", den der greise Bischof auf seinem langen Weg zum Martyrium schreibt, bezeugt er, dass er gern für Gott stirbt.[116] Daher seine intensive Bitte an die Christen in Rom: *Wollet mir nichts Größeres gewähren, als Gott geopfert zu werden, solange noch ein Altar bereit steht* (III,2). Der Tod ist für ihn Opfer in der Liturgie seines Lebens. Er will *durch den Tod zu Christus gelangen* (V,3), er will *auf Christus hin sterben* (VI,1), er will *Nachahmer der Leiden seines Gottes sein* (VI,2).

Woher dieser Antrieb, dieses nicht zu stillende Drängen hin zum Tod? Und es ist ein Tod durch Zerrissenwerden von hungrig gelassenen Raubtieren! Ignatius ersehnt diesen Tod nicht in einer übermenschlichen Willensanstrengung, ihn treibt auch nicht eine fragwürdige Todessüchtigkeit. Sondern *mein Eros ist gekreuzigt worden, und in mir ist kein Feuer, das nach Irdischem leckt. Wohl aber Wasser, das lebendig ist und in mir murmelt, inwendig zu mir sprechend: ‚Fort – hin zum Vater'* (VII,2).

Daher die Bitte, nicht aus falsch verstandener Liebe seinen Tod verhindern zu wollen. Nichts Irdisches wird verachtet. Aber der Eros ist gekreuzigt, und das Feuer, das nach Ir-

---

116 Ignatius von Antiochien, Die Briefe. Übersetzt und eingeleitet von Ludwig A. Winterswyl, Einsiedeln 1965, 43. – Die Zahlen im Textabschnitt beziehen sich auf diese Ausgabe.

dischem lechzt, brennt nicht mehr. Das Natürliche ist verwandelt. Dieser Mensch ist leidenschaftlich fasziniert von der einzigartigen Chance, zum Leben in Gott zu gelangen, und zwar jetzt, als Weizen Christi, als reines Brot (IV,1) wie in der heiligen Eucharistie.

Wasser des Lebens kennen wir als Bild für Gottes Geist. Wenn hier noch von Askese und einer *ars moriendi* die Rede sein kann, dann im Sinn der vom Geist inspirierten Einübung in die mystische Vereinigung mit Gott im sterbenden und auferstehenden Christus, als zu mahlender Weizen, als reines Brot, bereitet für den Leib Christi, die Kirche.

Auch so kann man umgehen mit dem Tod.

JESUS DER ASKET

1. Was zu Recht „Askese" heißen kann, findet in Jesus von Nazaret Maß und Gestalt. Früh nannte man ihn *den* Asketen. Nicht, weil er sich wie der Täufer von wilden Heuschrecken und Honig genährt und die Wüste nur verlassen hätte, um den Menschen Gottes Zorn und Gericht einzuhämmern und die Bußtaufe zu spenden. Auch nicht, weil er sich hervorgetan hätte durch exzentrische Anstrengung um Vollkommenheit, durch leib- und lebensfeindliche Übungen und außergewöhnliche Entsagung. Jesus war Mensch wie Menschen sonst. Und doch war er ganz anders. So anders, dass der römische Hauptmann, als er am Kreuz vollendet hatte, ihm das Zeugnis ausstellte: *Wirklich, dieser Mensch war Gottes Sohn* (Mk 10,40 par.).

Seine Widersacher machten aus ihm das Gegenbild eines Asketen: sie nannten ihn *Fresser und Säufer* (Lk 7,34). Wahr daran ist, dass seine Askese sich nicht im rituellen Beten, Fasten und Almosengeben erschöpfte. Um hier nur das Fasten heraus zu greifen: Auch seine Jünger hielten es so. Er verteidigte sie: Solange der Bräutigam bei ihnen war, mussten sie es so halten (vgl. Lk 5,34). Ihr Lebensstil entsprach zeichenhaft dem in Jesus angebrochenen Gottesreich. Damit kam der Freude der Erlösten Vorrang zu gegenüber dieser wie aller asketischen Bemühung.

Jesus selbst war bei allem Ernst davon geprägt. Er freute sich an den Vögeln, den Blumen, den Kindern wie jeder, der mit offenen Augen durch die Welt geht. Was ihn nicht daran hinderte, sich mit den Satten und Hochmütigen anzulegen, mit den Heuchlern und Selbstgerechten, die von allen gegrüßt werden wollen und den Balken im eigenen Auge geflissentlich übersehen (Lk 6,41ff.). Er war barmherzig und mitleidend, wo er dem menschlichen Elend begegnete. Wo es allerdings um Gottes Primat und Anspruch ging, blieb er unerbittlich. Den jetzt Weinenden versprach er, dass sie lachen würden (Lk 6,20f.). Den Fastenden verwies er die finstere Miene. Denen, die Almosen gaben, kreidete er die bemühte Selbstgefälligkeit an – die Rechte sollte nicht wissen, was die Linke tat. Den Beladenen und Mühseligen bot er seine *leichte Bürde* an. Das Leben schätzte er hoch, es war ihm wichtiger als Speise und Kleidung. Doch was er *in Fülle* schenken wollte, war das andere Leben Gottes.

Jesu Verhalten setzte eine neue Wertehierarchie voraus. Ihr Preis war asketische Loslösung und radikale Entsicherung. *Wenn dich dein rechtes Auge zum Bösen verführt, dann reiß es aus und wirf es weg! (...) Und wenn dich deine rechte Hand zum Bösen verführt, dann hau sie ab und wirf sie weg,* lesen wir im Matthäusevangelium (5, 29f.). Loslösung war für ihn aber nicht Selbstzweck. Sie hieß für ihn positiv Vertrauen. Da blieb kein Platz für ängstliche Sorge um Essen und Trinken, um Kleidung und um den nächsten Tag, *denn der himmlische Vater weiß ja, dass ihr das alles braucht* (Mt 6,32).

Jesu Askese ist eine Mischung von Strenge und Güte. Was er von denen fordert, die ihm folgen wollen, hört sich einerseits hart, bisweilen sogar unmenschlich an. *Das Himmelreich leidet Gewalt!* (Mt 11,12) Doch wie sehr wird das aufgewogen durch seine Menschenfreundlichkeit und sein Erbarmen. Was Jesus eigentlich am Herzen lag, war nicht die fromme Leistung, nicht der buchstabengetreue Gesetzesgehorsam, überhaupt nicht das jeweils Schwerere. Es war das Gutsein des Menschen, der Gottes Liebe in sich hat (vgl. Joh

5,42). Askese sollte heimkehren helfen in *das Land der Ähnlichkeit* mit Gott, in die *regio similitudinis* des nach Gottes Ebenbild Geschaffenen.

2. Jesu Askese bestand also nicht in angestrengtem Tun. Was ihn zu *dem* Asketen macht, ist seine ganzheitliche und vorbehaltlose Ausrichtung auf Gott. Absolut, mit Leib und Seele, soll auch sein Jünger dem gierigen Ich entsagen. Er soll das Gute bestimmend werden lassen für sein Leben in jedem seiner Vollzüge. Bis dahin, dass er vollkommen sein soll wie der Vater im Himmel. Askese, wie Jesus sie praktiziert, anschaulich macht und ermöglicht, ist das Ineinander von Zucht und Ansporn, von Loslassen und Ergriffenwerden, von aktiver Radikalität und inspirierender Gnade. Jesus ist *der* Asket, insofern er wie keiner sonst die Nachgestaltung Gottes menschenmöglich macht. *Denn das Gesetz wurde durch Mose gegeben, die Gnade und die Wahrheit geschah durch Jesus Christus* (Joh 1,17).

Seitdem ist das Entscheidende nicht schon darin zu sehen, dass der Reiche sich von seinem Besitz löst, sondern dass er liebt und aus Liebe seinen Besitz mit den Armen teilt. Askese ohne Gnade und Wahrheit und also ohne Liebe ist kein *christlicher* Weg. Und selbst menschlich reicht es noch nicht. Erst die Rose, nicht schon Rilkes Münze weckt das Lächeln im Gesicht der Bettlerin.

Jesu Weisung und Jesu Leben üben Askese als Hinordnung auf den alles prägenden Horizont der erwarteten und anbrechenden Gottesherrschaft. Das Gottesreich ist ihre Begründung und zugleich ihre Zielangabe. Nur in seinem Licht wird Askese sinnvoll, aber auch ablösbar. Sie erschöpft sich nicht im Moralischen, sie dient der Sinngestalt menschlicher Existenz.

Als solche allerdings wird sie unverzichtbar. Ihr biblischer Name ist Umkehr, *metánoia*. Nach dem Evangelium beginnt Jesus seine Verkündigung des Evangeliums in Galiläa mit dem Aufruf: *Erfüllt ist die Zeit, und genaht das Königtum Gottes. Kehrt um! Und: Glaubt der Heilsbotschaft* (Mk 1,15 par.). Umkehr, zusammen mit Glauben ist es, was die jetzt *erfüllte* Zeit verlangt, was dem Königtum Gottes entspricht, Umkehr, verstanden als Abkehr vom Ich in der glaubenden Hinkehr zum Vater. Wir sind im Herzen der Weisung Jesu. Anders ist Jesus als *der* Asket nicht zu deuten, anders kann ihm keiner folgen.

3. Gibt es auch Heiterkeit im Leben des Asketen Jesus, hat er je gescherzt und gelacht? Mit Askese, wie sie gewöhnlich verstanden wird, verträgt sich dergleichen nicht. Und auch am Jesus der Evangelien wird man solche Zeichen der Leichtigkeit, des Humors, der Freude kaum finden, nicht jedenfalls an der Oberfläche.

Wohl gibt es sie untergründig, sozusagen subkutan. Ein Klima der Freude kommt auf schon bei seiner Ankunft. Das Kind im Schoß Elisabeths hüpft vor Freude, sobald es den im Schoß Mariens Empfangenen spürt (Lk 1,41). Die vom Engel mit *chaire! – freue dich* Gegrüßte lässt ihre Seele im Magnifikat jauchzen (Lk 1,28). Abraham frohlockt, wie er den Tag Jesu schaut (Joh 8,56). Jesus selbst bricht in Freude aus, weil der Vater sein Mysterium nicht den Klugen und Gescheiten, sondern den Kleinen offenbart (Lk 10,21f.). Ihnen, den Kleinen, den Übersehenen, Armen, Kranken und Ausgegrenzten gehört seine Vorliebe und größte Aufmerksamkeit. Mit ihnen macht er sich solidarisch, mehr noch: er identifiziert sich mit den Hilflosen: *Was ihr ihnen getan habt, habt ihr mir getan* (vgl. Mt 25,39). Sicher hat der Rabbi aus Nazaret das Kind, von dem das Lukasevangelium (18,15) spricht, nicht mit strenger Miene in die Arme genommen. Am vorpreschenden Petrus wird er insgeheim seinen Spaß gehabt haben. Den „reichen Jüngling" hat er angeschaut und lieb gewonnen – das geht nicht ohne ein gutes Lächeln. Er war auf Hochzeiten, er hat die Feste seiner Mitmenschen mitgefeiert, fromm und herzlich. Er hatte Freunde - schwer vorstellbar, dass er die geschäftige Martha schulmeisterlich zurechtweisen wollte mit seinem Lob der Schwester. Ohne ein Lächeln kann ich mir den Herrn auch nicht vorstellen in der Szene mit dem Zollaufseher Zachäus, der, kleinwüchsig wie er war, wie ein Schulbub auf den Baum geklettert ist, um ihn zu sehen. Schließlich sollen die Jünger sich freuen, dass er durch sein Kreuzesleiden zum Vater geht, nur so stellen sie unter Beweis, dass sie ihn lieben. Abschiednehmend verheißt er ihnen, dass durch die äußerste Askese seiner Passion ihre Trauer sich in Freude verwandelt, in eine Freude, die vollkommen ist und die niemand ihnen nehmen kann (Joh 16,22).

Eine Vorahnung dieser Freude hat er den drei Zeugen *strahlend wie die Sonne* auf dem Tabor gegeben (Mt 17,2). Und unvergleichlich gelöst bietet der Auferstandene dem Thomas seine Wunden zum Betasten und stellt sich in Emmaus so, als wolle er weitergehen. Dass er schließlich den Simon Petrus dreimal nach seiner Liebe fragt (Joh 21), ist wie ein befreiender Schlussstrich unter alles, was ihr Zueinander je belasten konnte.

Es wäre verlockend, das Neue Testament einmal auf Jesu Heiterkeit hin durchzusehen. Dass seine Freude zum Markenzeichen der jungen Kirche wurde, bezeugt die Apostelgeschichte an vielen Stellen. Nichts macht diese Kirche so unverwechselbar wie die Freude trotz aller Bedrängnisse. Die Freude ist als Zeichen des angebrochenen Gottesreiches (vgl.

Röm 14,17) die Frucht des Geistes. Durch Jesus Christus ist
sie in die Welt gekommen. Bei seiner Wiederkunft wird sie
sich vollenden an allen, die sich ihr nicht verschließen.

Christliche Kunst hat durch die Jahrhunderte hindurch fest-
gehalten an einem Christustypus, den man „den lächelnden Jesus" nennt. Man könnte ihn ebenso den „ganz gewordenen Menschen" nennen. Im nordspanischen Stamm-
schloß des heiligen Franz Xaver ist so der Gekreuzigte ab-
gebildet. In der Würzburger Domkrypta kann man eine entsprechende Skulptur aus früher, vermutlich iro-keltischer
Zeit finden. Solche Darstellungen entsprechen mit innerster
Konsequenz dem Heil, das Jesus verkündete und verwirk-
lichte. Sie entsprechen dem Evangelium, das „Frohbotschaft"
ist, gute, froh machende Kunde, Gottes Liebesbotschaft für
die freudlose Welt.

So passen sie auch zur Askese eines „Heilands". Im Wort wie
im Leben war er nicht nur der Leidende, nicht nur der Schmer-
zensmann, nicht nur der im Leiden Gehorsam lernende Sohn
(vgl. Hebr 5, 8). Sondern immer war er auch der, den der Vater nicht allein gelassen hat. Von seinem Heilswillen, seiner
Sendung ist jeder seiner Schritte und Entscheidungen positiv
durchdrungen. Im Leben wie im Sterben macht Jesus beispielhaft deutlich, dass der Mensch nur dort ganz Mensch
und ganz er selbst wird, wo er, sich selbst übersehend, den
viel Größeren in allem bestimmend sein lässt.

So ist der Mensch ursprünglich geschaffen. Darauf zielt Askese, so will sie den Ursprung wieder herstellen. Jesus hat
sie geübt und fordert sie von seinen Nachfolgern. Sie bedeutet Loslassen, um frei zu werden für Gott und seine Liebe.
Sie streckt sich aus nach dem Leben, das keinen Tod kennt.
Und darum ist sie in allem Ernst nie ohne Freude

4. Im Gottmenschen findet die alte Weisung ihre volle Bestätigung: *abstinendo obtinere, in loslassender Distanz erlangen.* Darin, im loslassenden Erlangen, besteht das Paradox recht verstandener Askese. Man muss dieses Widersprüchliche im eigenen Leben einüben, sonst wird es einem nie einleuchten. Da kann es dann sein, dass dem Übenden in einer Stunde der Gnade aufgeht, wie total der am Kreuz Aufgehängte *loslassend Abstand* genommen hat, *um* so zu *erlangen.* Im Gekreuzigten wurde wahr wie nirgendwo sonst, was Paulus im Philipperbrief (2,6ff) seiner Gemeinde zur Nachahmung ans Herz legt: *Er hielt nicht daran fest, wie Gott zu sein, sondern er entleerte sich (...). Sein Leben war das eines Menschen: er machte sich zunichte und wurde gehorsam (...) bis zum Tod am Kreuz.* Darin bestand sein Loslassen. Und eben dadurch, *abstinendo, erlangte* er den Namen über allen Namen (Phil 2,9) als der vom Vater Erhöhte, der alle zu sich zieht (vgl. Joh 12,32).

Der Innsbrucker Altbischof Reinhold Stecher erzählt in einem seiner Bücher von einem aufgeweckten Knirps, der auf die Frage des Religionslehrers, was ihm am Evangelium am besten gefällt, die Antwort gibt: „Dass alles gut ausgeht". Jesus, der Asket, verlangt nicht wenig von denen, die ihm nachfolgen wollen. Aber was bedeutet das schon gegenüber der Aussicht, „dass alles gut ausgeht"? Was der Herr auf sich genommen hat, bis zum totalen Zunichtewerden, ist Vorübergang. Und Vorübergang ist ebenso alles, was ängstigen und abschrecken mag. Es gibt Ostern, es gibt die Herrlichkeit des Lebens in Gott! Wir nehmen daran teil, wenn wir nur mit Christus „loslassen". Der Tiroler Bub sagt es so originell wie genau, womit der große Völkerapostel Paulus seine Christen damals und die Christen aller Zeiten jenseits von allem billigen Optimismus trösten kann: *Ich rechne nämlich, dass die Leiden der jetzigen Zeit nichts wert sind im Ver-*

gleich zur Herrlichkeit, die an uns enthüllt werden soll (Röm 8,16; übers. Stier).

Im „lächelnden Jesus" schaut uns der gute Ausgang an. Er in Person schaut uns an, der im letzten Buch der Bibel unwiderlegbar verspricht: *Ja, ich komme bald* (Offb 22,20).

5. Auf ihn sollen wir *hinblicken, der um der vor ihm liegenden Freude willen ausharrte, das Kreuz der Schande nicht* achtend, *und der sich zur Rechten des Thrones Gottes gesetzt hat* (12,2). Darin ist er *des Glaubens Anführer und Vollender* (Hebr 12,2). Von Jesus als *dem* Asketen reden heißt, ihn als den im Glauben Vollendeten sehen, der allen menschlichen Versuchen voraus ist und allen Bemühungen entgegenkommt.

Dass auch Jesus das Glauben einüben musste, ist eine ungewöhnliche Vorstellung. Wenn er aber wirklich Mensch geworden ist, gehört dazu der Sprung in den dunklen Abgrund, den wir Glauben nennen. Und so heißt Jesus nachfolgen zutiefst: ein Glaubender werden.

Der Glaube, genauer: das Glauben ist die eigentliche und grundlegende Askese des Christen. Als Glaubender versucht er ein für allemal, aber auch Tag für Tag Antwort zu geben auf die Glaubensgnade, mit der ihn Gott in Christus beschenkt und ruft. Speziell darin ist Glauben Askese. Denn so glauben lernen bedeutet *nicht nur eine Erfüllung, eine Erhellung des Menschen von seinem Grund her, die Eröffnung eines neuen, alles Seiende umfassenden Horizontes, sondern* (sie ist) *wesentlich auch ein Verzicht, eine Entsagung.*[117]

---

117 Fr. Wulf, Aszese (Aszetik), in: Sacramentum Mundi, Freiburg 1967, I, 361 f.

Wer glaubt, verzichtet auf die Sicherheit des eigenen Sehens, er entsagt dem Begreifen. Darin lässt er sich und seine Selbstbehauptung los und wirft sich vertrauend hinein in den unbegreiflichen Gott. *Denn als sähe er den Unsichtbaren, ward er stark,* bezeugt der Hebräerbrief von Mose (11,27). Wie er bejaht der Glaubende, ohne zu sehen, was Gott verheißt. Er entscheidet sich, nicht auf sich zu setzen, sondern auf Gott. Und im stets neuen Ringen mit dem urmenschlichen Absicherungsbedürfnis und Verlangen nach Beweis muss seine Entscheidung eine Krücke nach der anderen wegwerfen. Hier gibt es kein halbes Ja. Hier stehe ich vor Gott, und zwar hüllenlos. Und hüllenlos bin ich konfrontiert mit dem so oft unerklärlichen Verhalten Gottes, der das Leid und die Niederlage, die Ohnmacht bis zum Sterbenmüssen zulässt und in all dem geglaubt werden will als Gott der Liebe.

Da nicht nur mit den Lippen, sondern aus innerstem Herzen beten: *Dein Wille geschehe,* kann nur gelingen, wo einer geduldig das Loslassen übt, wo er Schritt für Schritt selbstlos wird im Gehorsam des Glaubens.

Es wird nicht gelingen, ohne auf Ihn hinzublicken, den der Hebräerbrief *Anführer und Vollender des Glaubens* nennt (12,2). Alles, was Gott dem Glaubenden abverlangt, hat Christus bereits vollbracht. Der Kompass seines Lebens war der Wille des Vaters. Nächtelang hat er sich dem Vater anheim gegeben und sich in ihn hinein geborgen, von dem er sich gesandt und gehalten wusste. Seinen Willen zu tun, ihn zu bezeugen, dazu war er in die Welt gekommen. So hat er Gott präsent gemacht in der Menschheitsgeschichte und im Leben eines jeden, der ihm glaubt.

Was das alles bedeutet, wurde erst ganz offenbar im Garten der Auslieferung. Da kam es ins Wort, und es war das Wort seiner Todesangst: *Vater, wenn du willst, führ diesen Becher an mir vorüber. Jedoch nicht mein Wille, sondern der deine geschehe* (Lk 22,42).

Askese ist nicht in das fromme Belieben des Einzelnen gestellt. Sie ist unverzichtbare Antwort auf den Ruf des Geistes in Christus. Sie findet ihr Maß in der maßlosen gekreuzigten Liebe. Wer von ihr ergriffen ist, fragt nicht mehr nach Mühe und Tod. Sondern wie der Apostel streckt er sich danach aus, *Christus zu erkennen und die Macht seiner Auferstehung* (Phil 3,10). Er übt sich ein in die österliche Freude.

6. Am Ende dieser Überlegungen geht der Blick noch einmal zurück.

Es wäre ein Leichtes, am Jesus des Neuen Testamentes nachzuweisen, wie exemplarisch er geübt und vollzogen hat, was im Vorausgehenden als asketische Handlungen und Haltungen dargestellt wurde. Aber abgesehen davon, dass dabei nur eine Auswahl erfasst werden konnte, überbietet Jesus qualitativ alles, was Menschenaskese übt und erleidet. Denn er, wiewohl ganz Mensch, war ohne Sünde.

Was ihn zum Asketen und sogar zu dem Asketen macht, geschieht in Stellvertretung und im Zeichen. Anders kann er, in dessen Person göttliche und menschliche Natur in eins verbunden sind, nicht um Umkehr als Abkehr vom Bösen ringen, nicht um die Wiederherstellung der gestörten inneren Ordnung und schon gar nicht um Überwindung der Verlassenheit und Leere, fern von Gott. Das alles gab es ja nicht in ihm. Wohl kann er in seiner „Proexistenz" stellvertretend verkörpern, was lieben heißt, was Gottes Primat zum Durchbruch verhilft – nichts anderes will seine Verkündigung in Wort und Tat vermitteln, nicht zuletzt in seinen Wundern.

Wohl kann und muss er zum wirkmächtigen Zeichen werden für das radikale Loslassen von Ich, Haus und Besitz als Voraussetzung für das Einswerden mit Gott, der auch im Dunkel und in der Prüfung hoffend als der Heimholende zu erwarten ist. All das und was sonst der Askese zugehört, hat Jesus nicht gebraucht. Er hat es gewollt, weil der Vater es so wollte. Der für uns Hingegebene wollte sich hingeben, um Welt und Menschen zu retten.

Erst auf diesem Hintergrund, nicht schon im überbietenden Vergleich mit menschlicher Askese tritt Jesus vor unseren Blick und in unser Leben als der Asket. Wie nirgendwo sonst lässt sich daher an ihm auch ablesen, was Askese insgesamt strukturiert: Ordnung, Offenheit und Kampf (vgl. Kap. 2). Es lässt sich ablesen und wirkt sich aus in der Macht des Geistes, der auf ihm ruht und ihn erfüllt.

Jesus wurde nach dem Lukasevangelium zweimal vom Satan versucht. Zuerst unmittelbar nach seiner Taufe in der Wüste, in der ihn *der Geist vierzig Tage lang umher* führte (Lk 4,14). Und dann in der zweiten entscheidenden Konfrontation, im Leidenskampf Jesu, bis zur Übergabe seines Geistes in die Hände des Vaters (Lk 23,46).

In diesen satanischen Versuchungen verdichtet sich Jesu Askese zum *Kampf* des wahren Lichts, das in der Finsternis leuchtet, *und die Finsternis hat es nicht erfasst* (Joh 1,5). Notwendig wird daher der ganze Weg Jesu, sein Leben und Sterben, zum Kampf, in dem das menschliche Drama nicht nur exemplarisch, sondern heilswirksam durchlitten wird.

Worum wird da gekämpft? Die lukanische Versuchungsgeschichte nennt Brot, das der hungrig gewordene Jesus aus *diesem Stein* herbeizaubern soll. Auch spiegelt der Widersa-

cher *in einem einzigen Augenblick alle Reiche der Erde* vor,
die um den Preis der verratenen Anbetung zu haben seien.
Und er konfrontiert die biblische Schutzverheissung – *seinen
Engeln befiehlt er* – mit der blasphemischen Herausforderung
des „Sohnes", sich von der Tempelzinne zu stürzen und die
mühsame Askese der Passion kurzschlüssig zu vermeiden.

Brot, Macht, Absicherung – davon ist vordergründig das Menschenleben besetzt. Nur dies scheint real zu sein. Und also be-
gehrenswert. Wer darauf verzichtet, wie Jesus es in allen drei
Verführungen getan hat, scheint inhuman zu handeln.

Ein *kultureller Atheismus* attackiert neuerdings eben damit
das Christentum. Schleunigst müsse sich das Abendland seiner entledigen. Denn es besitze *von seinem Ursprung her
einen antihedonistischen Stachel, der den Wert der Person
höher einstuft als den Wert der ausbeuterischen und Menschen verdinglichenden Lust, der eschatologische Gerechtigkeit höher bewertet als das pure Leben im Augenblick.* So
fasst Thomas Schärtl zusammen, wieso Kritikern der christliche Glaube indiskutabel erscheinen will.[118] Indiskutabel
wird dann auch Askese als Beitrag zu humaner Lebenskultur.
Mit Schärtl: *Aus der christlichen Hingabe des Lebens wird
die hedonistische Hingabe reiner Leiblichkeit, die sich in der
Schönheitsversessenheit der Gegenwartskultur vollkommen
eingefügt hat (...). Aus dem Transzendenzbezug wird ein reiner, hedonistischer Diesseitsbezug. Aus dem geopferten Leib
Christi wird der lustvoll dargebotene sinnliche Körper, der
nicht das ewige Leben einer kommenden Welt, sondern die
ewige Jugend sinnlicher Präsenz verspricht.*[119]

---

118 Th. Schärtl, Neuer Atheismus. Zwischen Argument, Anklage und Anma-
ßung, in: Stimmen der Zeit 226 (2008) 152.

119 Ebd. 151.

In den Versuchungen Jesu wie überhaupt im Menschenleben geht es aber nicht um das scheinbar Vordringliche und augenscheinlich Vorkommende. Es geht zuerst und zuletzt um Gott. Der Mensch, wie er sich vorfindet, will sein wie Gott. Demgegenüber, zur Rettung des menschlichen Menschen, verlangt Askese im Kern die Entscheidung, Gott als real anzuerkennen und existentiell zu bekennen. Darauf verweist eindeutig die Antwort Jesu: *Vor dem Herrn, deinem Gott, sollst du dich niederwerfen und ihm allein dienen* (Lk 4,8). Dem hat der Versucher nichts mehr entgegenzusetzen, damals nicht und heute nicht.

Dem *Kampf* des Asketen Jesus verbindet sich die *Offenheit* des Sohnes, die der Versucher provozieren will – *wenn du der Sohn Gottes bist, so stürze dich hinab* (Lk 4,9) – und die Jesus unter Beweis stellt mit seinem hinhörenden Gehorsam: *Die Schrift sagt, du sollst den Herrn, deinen Gott nicht auf die Probe stellen* (Lk 4,12). Dass er, obwohl Sohn, den Gehorsam *durch Leiden erlernen* musste (Hebr 5,8), zeigen die Evangelien an vielen Stellen. Die Schrift muss erfüllt werden und so der Wille des Vaters geschehen, das ist tiefstes Motiv im Leben und im Sterben Jesu. Darin offenbart er sich als der ganz Mensch Gewordene: in der Askese des Gehorsams bis zum letzten Blutstropfen. *oportet – so muss es geschehen*, ist letzte Begründung. Sie liefert er den beiden Emmausjüngern für Passion und Verherrlichung des Messias (vgl. Lk 24,26). So ist es verfügt, so will es der, von dem Jesus ausgegangen ist als Retter der Welt. Jesus als *der* Asket, das bedeutet, dass er existentiell, seinshaft ganz Ohr ist für den Vater. Er lebt als der Gerufene, dessen Wort nicht von ihm stammt, sondern vom Vater, der ihn gesandt hat (Joh 14,24), dessen Willen zu tun seine Speise ist, dessen Wort – sich selbst – er den Seinen gegeben hat und gibt (vgl. Joh 17,14).

Zusammen mit Kampf und Offenheit entdeckt man schließlich als Strukturmerkmal der Askese Jesu die *Ordnung*. Auch
sie nicht begrenzt auf den Mann aus Nazaret. Nicht eine zu-
fällige und rasch vergehende Ordnung, sondern die umfassende und endgültige Heimholung in die ursprüngliche gute
Schöpfung. Wie sehr das Chaos in ihr herrscht, muss man
nicht beweisen. Hingewiesen werden muss aber, und zwar
mit Nachdruck, auf das, was das Chaos letztlich verursacht:
auf die Weigerung des Menschen, zu dienen. „Ich will nicht
dienen", in diesem Urprotest besteht das Wesen der Sünde.

Jesus setzt dieser Verweigerung seine „Vernichtigung" (Guardini) entgegen. Damit bringt er die Sendung des *Gottes-
knechtes* zur Erfüllung, von dem es bei Jes 53,3. heißt, vor
ihm habe man das Gesicht verhüllt, so geschmäht und verachtet sei er gewesen. Doch der Herr habe auf ihn *die Schuld
von uns allen* geladen (Jes 53,6) und ihn als geopfertes Lamm
angenommen, als Sühnopfer, uns zum Heil. Zur Askese wird
seine Hingabe aber erst dadurch, dass er *sich selbst* vernich-
tete, dass er, der Gott Gleiche, freiwillig *die Knechtsgestalt*
annahm (vgl. Phil 2,7), in der er nicht nur Mensch wurde,
sondern in der allein er der Dienstverweigerung des Menschen voll entgegentreten konnte. In diesem Horizont wird
der Mensch als die große Not zwischen Schuldverhaftung
und Ohnmacht erst erkennbar, in ihm zeigt sich vollends,
wer Christus ist: *nicht nur das Wort der verzeihenden Liebe
des Vaters, sondern in seiner Knechtsgestalt der eigentliche
,asketes'.*[120]

Damit erschließt sich erst ganz die abgründige Tiefe der Askese Jesu. Sie überbietet alles, was menschliche Askese heißen und bewirken kann. Denn die *Kenosis* in Phil 2 meint

---

120 Wulf, Aszese 363.

nicht nur die *Entleerung* des Menschen Jesu, sondern Paulus spricht vom göttlichen Logos. Mit Romano Guardini: *von jenem geheimnisvollen Entschluss Gottes, ‚sich selbst zu vernichtigen und die Gestalt des Knechtes anzunehmen'.*[121] Wie das Erlösungsopfer beginnt auch die Askese Jesu *nicht beim Menschen, sondern bei Gott.*[122] Nur darum kann die Ordnung, die seine Askese strukturiert, universal und endgültig die Neuschöpfung begründen. Nicht nur durch Demut und Bescheidenheit, nicht nur durch das Loslassen seiner selbst, nicht einmal durch erbarmende Liebe, Gehorsam und Dienst am Nächsten erreicht der Mensch die Ordnung des Asketen Jesu. Er muss eintreten in das Mysterium des Gottmenschen und es mitvollziehen – im Sakrament wie im alltäglichen Leben. Alles hängt daran, soll menschliche und christliche Askese sinnvoll und heilswirksam sein. Denn *ohne mich könnt ihr nichts tun* (Joh 15,5).

Seitdem er getauft ist, lebt und stirbt der Christ nicht mehr sein privates Leben. Christus ist sein Leben geworden. In ihm kann er, was er ohne ihn nicht vermag. Und das ist nicht nur das moralisch Bessere, das ist die versöhnte Gemeinschaft mit Gott, das ist ein aktives Zugehen auf den Tod, das ist das Ja zum Kreuz im freiwilligen Hergeben auch lebenswichtiger Güter, das ist der ständige Aufbruch im Durst nach der Gerechtigkeit, wie es die Bergpredigt ans Herz legt und die Leidenschaft der evangelischen Räte den dazu Berufenen als innerstes Bedürfnis einbrennt. In der Anteilnahme an der Askese Jesu wird menschliche Askese zur Antwort auf den Ruf der gekreuzigten Liebe. Im Verzicht auf das eigene Leben reißt diese viel radikalere Askese alle Schranken nieder, so dass sich die Liebe ohne Maß verströmen kann

121 R. Guardini, Der Herr. Über Person und Leben Christi, Freiburg 1985, 431.
122 Ebd. 433.

und christliche Lebensverwirklichung zum Zeugnis wird für das Mysterium Gottes und des Menschen.

Was also ergibt sich?

Wer auf Jesus, den Asketen, hinblickt und ihm gleichförmig zu werden sucht, wird Askese begreifen als Weg und Hilfe zur Ganzheit, als Lassen aus Liebe, als Leidenschaft zum Leben in Fülle. Askese ist nicht schon menschliche Leistung und irdischer Fortschritt. Sie ist Mühe, aber im Licht der entgegenkommenden Gnade. Sie ist Kreuzweg auf Ostern zu. Christliche Askese gibt es daher nicht ohne Freude.

Um sie zu empfangen, darf das endliche Gefäß nicht zerbrochen werden, es muss sein Maß bewahren. Erst geordnet können die menschlichen Kräfte und Regungen ausstrahlen in Mitwelt und Schöpfung, können sie offen sein für Gott und im Kampf die inhumane *Lust am puren Augenblick* besiegen.

Niemand, dem es nur um sich geht, wird verstehen, worum es hier geht. Im Absprung vom Ich, wie ihn Jesus, der Asket, vormacht und ermöglicht, nur so kommt einer hinter das Paradox christlicher Askese: Lassen, um zu erlangen, sterben, um zu leben, Maß finden im Überschwang der Liebe.

spuren

Essays zu Kultur und Glaube

Die Essays zu Kultur und Glaube erinnern an übersehene kulturelle Dimensionen des Christentums und eröffnen Freiheitsräume des Denkens und Lebens. Christliche Zentralmotive und Lebenshaltungen werden lesbar als Spuren eines verborgenen Reichtums christlicher Lebenskunst und Weltinterpretation.

Gottfried Bachl

Eucharistie

Macht und Lust des Verzehrens

In der Eucharistie wird verzehrt und einverleibt. Der Tod wird nicht nur zitiert, er ereignet sich buchstäblich, er wird verübt und erlitten. Durch kein anderes Symbol wird der Mensch so stark an seine schwierige Lage erinnert, ein Esser und Trinker sein zu müssen. Inmitten der Gewalten von Verschlingen und Verzehren wird die Eucharistie verständlich als Sakrament der Rettung.

196 Seiten, gebunden mit Schutzumschlag
ISBN 978-3-8306-7332-3

Klosterverlag St. Ottilien
www.eos-verlag.de | mail@eos-verlag.de